VOYAGE
AU POLE ARCTIQUE.

2ᵉ SÉRIE P. IN-8°.

VOYAGE

AU

POLE ARCTIQUE

ET DÉCOUVERTES

DES TERRES-POLAIRES

PAR A. DRIOU.

LIMOGES

EUGÈNE ARDANT ET Cⁱᵉ, ÉDITEURS.

VOYAGE

AU POLE ARCTIQUE.

I

A notre époque, on fait le tour du monde comme naguère on faisait le tour de France. Nos ardents pionniers de la civilisation et nos hardis missionnaires s'aventurent sur tous les points du globe, et vont en quête de régions encore inexplorées, car si la cosmographie est pour nous, à cette heure, une science à peu près complète, si l'ethnographie ne nous laisse que peu de renseignements à recueillir, s'il n'y a plus de grandes investigations à faire, il reste cependant quelques problèmes à résoudre.

Serions-nous insensibles aux recherches

intéressantes de tant de courageux savants et d'intrépides Argonautes qui s'exposent chaque jour à tous les dangers pour faire luire la lumière sur les contrées les plus ténébreuses, nous instruire et charmer nos loisirs par le récit de leurs aventures? Non, certes! Suivons donc au moins du regard leurs pénibles travaux.

N'avons-nous pas vu, avec l'enthousiasme qu'inspire un admirable dévouement, Christophe Colomb, le premier de tous, trouver le Nouveau-Monde, en 1492, alors qu'il cherchait tout simplement, vers l'ouest du globe, un passage pour arriver aux Indes et au Cathay de Marco Polo, la Chine actuelle?

Le navigateur vénitien Jean Cabot découvrit Terre-Neuve en se mettant en quête du même passage par le nord, en 1497...

Remarquez que nous allons parler ici seulement des découvertes faites dans la direction du Pôle Boréal, but de notre travail. C'est ainsi que, en 1500, Gaspard de Cortereal découvre, au profit du Portugal, le golfe Saint-Laurent;

Trente ans plus tard, le Français Jacques Cartier remonte ce fleuve de Saint-Laurent, et installe sur ses rives une colonie, la première colonie de notre France ;

En 1576, Martin Frobisher trouve le cap Farewell ;

Davis, la Terre de Cumberland et le détroit de son nom, en 1585 ;

L'Archipel du Spitzberg et la Nouvelle-Zemble sont mis en relief par l'expédition de Van Heemskerck, pilote W. Barentz ;

Henry Hudson cherche un passage vers le pôle, par le N.-E. et le N.-O., mais il meurt à la peine, dans la baie d'Hudson, qu'il découvre, après avoir été délaissé par ses matelots mutinés.

Apparaît alors une jeune nation, la nation russe, qui s'emploie à des recherches de même sorte. Ainsi Behring, Danois au service de Pierre-le-Grand, fournit la preuve, en 1728, que l'Asie n'est séparée de l'Amérique que par le détroit qui s'honore de son nom.

En 1735, Morawieff traverse le détroit de Waïgatch ;

Schurakoff, Koskeleff, Offzin, Ménin, Rou-tshiftcheffe, Schalauroff et Billings, signalent tout le littoral de la mer Blanche et de l'océan Glacial, ainsi que les côtes septentrionales de l'Asie et du détroit de Behring.

Puis, des excursions faites à pied par des Anglais, dont les plus fameuses sont celles de Hearne et de Mackenzie, font mieux connaître la baie d'Hudson, le fleuve Mackenzie, les montagnes Rocheuses, et les rivages de l'océan Pacifique, vis-à-vis des îles Quadra et Vancouver.

Ont lieu les célèbres voyages de Phips, en 1773; de Cook, en 1778; de Clerke, en 1779.

Cook double le cap du Prince de Galles : mais il est arrêté par une vaste plaine de glace, surpassant l'eau de trois à quatre mètres, aussi compacte qu'un mur, et épaisse de vingt à vingt-cinq mètres. Il la côtoie sans pouvoir trouver de passage; constate que, à mesure qu'elle s'éloigne de l'Amérique, elle incline au sud vers la côte d'Asie; mais craignant d'être enveloppé par les banquises, il revient au détroit de Behring, convaincu que le soleil ne parvient pas à fondre les glaces polaires, etc.

Les voyages entrepris par les Européens ont déjà produit cette moisson de connaissances, lorsque en 1789, éclate la Révolution française, qui suspend toutes les recherches. Mais enfin vient l'heure bénie qui permet de les reprendre.

Alors le Moscovite Kotzebue, le Danois Henderson, et l'Anglais Franklin donnent le signal d'un nouvel essor.

D'abord Kotzebue, en faisant le tour du monde, de 1815 à 1818, pénètre dans le détroit de Behring et découvre le golfe de son nom.

Ensuite Henderson, le premier, voit la Mer-Libre du Pôle ou Polynie.

Enfin Franklin parcourt un espace de mille kilomètres tout au long d'un rivage entièrement débarrassé de glaces.

Pendant ce temps, un ministre anglican, le docteur Scoresby, familiarisé, par la pêche de la baleine, avec les phénomènes de l'océan Polaire, démontre que les ouvertures qui ont lieu dans les glaces du Spitzberg donnent la preuve que la mer est libre, c'est-à-dire sans glace aux environs de notre pôle.

E. Parry, en 1819, découvre l'archipel Parry et révèle l'existence de la Mer-Libre, sur laquelle il ne voit flotter que quelques glaçons isolés.

De 1820 à 1824, un lieutenant de la marine russe, Wrangell, plus tard amiral, s'avance à pied pendant quarante-six jours sur la glace. Il aperçoit vers le nord une chaîne de montagnes. Pour l'atteindre, il erre pendant cinq jours sur une Mer-Libre, à l'aide d'un glaçon flottant, qui finit par se congeler contre une banquise.

On prétend que cette Mer-Libre est placée à cinq cents kilomètres au nord des îles Liakhoff.

Dans un voyage de circumnavigation, Beechey, par deux fois, de 1825 à 1828, franchit le détroit de Behring et côtoie l'Amérique, jusqu'à ce que les glaces le repoussent vers l'océan Pacifique.

Alors le Pôle Magnétique est fixé par sir J. Ross, de 1829 à 1833, à 70° 5' 17" de latitude nord, et 101° de longitude occidentale, au sud des flots de la Mer-Libre.

Il en est de même des deux Pôles de Froid, que l'on dit se trouver très-près du Pôle Magnétique.

Sur ces entrefaites a lieu le dernier voyage de sir J. Franklin. Deux années, presque trois, s'écoulent sans qu'on entende parler de lui. L'amirauté anglaise, lady Franklin et de nombreux amis promettent de riches récompenses aux navigateurs qui se dévoueront pour aller à sa recherche.

En 1848, Kellett et Moore d'une part, de l'autre sir J. C. Ross et Bird tentent des expéditions dans ce but. Puis Penny et Steward, Austin et Ouannaney, et enfin Mac Clure et Collinson, parcourent les mers du nord pour chercher l'infortuné sir John Franklin. Mais leurs peines et leurs fatigues sont sans résultat.

Toutefois, ces explorations font connaître deux passages, mais impraticables généralement, par suite de la quantité et de la mobilité des montagnes de glace. On peut arriver à une Mer-Libre pourtant.

Après eux, Belcher, continuant les recherches précédentes, rencontre le cairn de Winter-Harbour, sous lequel on trouve une dépêche de Mac Clure.

En dernier lieu, le capitaine Inglefield pénètre dans un canal libre : mais, ensuite, Kane, et plus tard Hayes, sont enfermés dans des glaces.

Enfin, Merton, en 1824, arrive à une mer, une vraie Mer-Libre.

De sorte que, de toutes ces recherches, — qui aboutissent à rendre irréfutable la mort de sir John Franklin, — il se dégage un fait incontestable : c'est que le Pôle Boréal n'est pas une formidable forteresse de banquises entassées, comme on le croyait, et qu'il n'existe pas d'amoncellements gigantesques de glaçons s'épaississant de plus en plus vers le centre polaire et en recouvrant toute la rondeur. Au contraire, là se trouve la Mer-Libre, ou Polynie, à température relativement élevée.

C'est ce que va démontrer, dans les pages suivantes, le voyage au Pôle Nord, écrit d'après les récits de M. Hayes.

Upernavik est un village du Groënland qui n'est habité que par les Esquimaux. Quelques misérables huttes, dont les possesseurs ne vivent que de la chasse aux veaux marins, et qui font, avec les navires qui abordent tout exprès, le commerce de l'huile de phoques et de peaux de ces animaux, composent cette petite bourgade, passablement pittoresque, mais fort sale. En effet, sur ses grèves et ses rochers, on ne voit que sinistres détritus en décomposition. Mais là réside le chef danois du district; là s'élève une assez belle église; là on trouve un joli presbytère, et alors il suffit de cette magnificence pour qu'on apprécie mieux le repos que peut prendre un navire à Upernavik.

Le voyage au Pôle Arctique ou Boréal, à la recherche de sir John Franklin, a commencé le 6 juillet 1860, sous les ordres et la direction du savant médecin Jean-Jacques Hayes, commandant de la goëlette *les Etats-Unis d'Amérique*.

La navigation de J.-J. Hayes s'est faite en quarante jours, à partir de Boston, dans les Etats-Unis, à Upernavik. Avant d'arriver à cette station, chez les Esquimaux, les explorateurs ont croisé le premier glaçon des mers polaires, et, la veille de leur passage sous le cercle polaire arctique, ils ont rencontré le premier *iceberg*. Iceberg est le nom que l'on donne à une montagne de glace. Cette première montagne offre à leurs regards l'aspect d'une pyramide irrégulière d'à peu près cent mètres de largeur sur cinquante de hauteur. Le brouillard en enveloppe la pointe extrême : mais un coup de vent permet de la contempler à l'aise, sous forme d'un pic éblouissant.

Rien ne peut donner une idée de la magnificence de ces montagnes de glace, qui affectent les formes les plus capricieuses, depuis des coupoles gigantesques de temples, des façades merveilleuses de cathédrales, des voûtes élancées d'édifices, décorées de splendides et fantastiques retombées, jusqu'à des cônes aigus, des pyramides, des clochetons, etc. On dirait que la nature s'amuse à reproduire avec la glace les plus curieux monuments de notre monde réel, le Colisée de Rome, par exemple, son château Saint-Ange, des citadelles, des enceintes de remparts et de bastions. Ajoutons que certains de ces *icebergs* ont la blancheur mate du marbre de Paros, les uns; les autres scintillent des feux de diamants, de rubis, de topaze : ici et là, des perles colossales paraissent adhérer aux parois, et des pierres précieuses, qui paraissent disposées sur les crêtes, s'irisent de jets de flammes alors que le soleil s'enfonce dans les profondeurs de l'horizon.

En approchant du Groënland, certains indices moins poétiques avaient révélé aux navigateurs l'approche de la terre, dans les parages de Prœven. C'étaient d'abord des aboiements de chiens, mais aussi, mais surtout, une intolérable odeur de poisson gâté, corrompu.

Un dédommagement à cette souffrance les

attendait, d'autre part : je veux dire que l'arrivée de la goëlette *les Etats-Unis* y fut accueillie par une flottille groënlandaise de nombreux *kayaks*. On donne ce nom à la plus légère et la plus frêle des embarcations à laquelle l'homme puisse confier sa vie. Vous connaissez ce que nos marins d'eau douce appelent yole, périssoire, etc. ? Mais yole ou périssoire de nos canotiers, c'est du bois, tandis que le kayak des Esquimaux-Groënlandais est en peau, peau tendue sur une carcasse de bateau de cinq mètres de longueur sur quarante-cinq centimètres de largeur, se terminant à chaque bout par une pointe aiguë et recourbée. C'est le phoque qui fournit cette peau sèche et raide. Les femmes du pays ont le talent de la coudre si hermétiquement, que l'eau de mer ne peut jamais suinter à l'intérieur. Ce sont les veaux marins, dont les nerfs servent de fil, qui font tous les frais de ces kayaks. Un siége, disons mieux un trou, est réservé au pêcheur au milieu de l'embarcation, et une fois entré dans cette ouverture, le Groënlandais y attache si parfaitement sa vareuse,

faite également de peau de phoque, que l'eau
de la mer, comme l'eau du ciel, n'ont aucune
prise sur l'homme et son canot. Alors, armé
d'un seul aviron, qu'il manœuvre de droite et
de gauche, comme l'aile d'un moulin, le hardi
pêcheur se lance bravement au milieu de la
tempête, qu'il affronte, et se glisse à travers
les écueils, sans les craindre jamais.

Dans ces parages voisins du Pôle Nord,
quelquefois les navigateurs longent sans le
savoir des terres qu'ils ne voient point, voilées
qu'elles sont par d'immenses brumes épaisses.
Puis il arrive que tout-à-coup l'enveloppe de
nuages se déchire, et apparaissent avec une
magnificence incomparable des sites austères
et sauvages, dont les vallées profondes, les
hautes chaînes de montagnes, les roches sombres menaçant de leurs assises fantastiques
d'énormes fissures du sol, frappent d'épouvante autant que d'admiration. Selon que les
brouillards se dissipent, en roulant par larges
vagues à la surface des paysages et en permettant de saisir tous les accidents de cette
nature polaire si désolée, et cependant si mer-

veilleuse, on reconnaît une contrée où toutes choses prennent une physionomie féerique.

C'est ainsi que, vers le soir, souvent, l'Océan devient calme et poli comme un lac. Pas une ride, partant point de vent : pas la moindre vague. On est ravi d'aise, en voyant le soleil projeter ses rayons jusqu'aux dernières lignes des perspectives, qui estompent en noir les limites de l'horizon sur l'éther bleu, sur les nuages, sur la mer profonde. Les montagnes affectant les formes les plus capricieuses, saillent en des reliefs étranges, tout en émergeant de larges zones ruisselantes de teintes de cramoisi, et nuancées de pourpre et d'or.

Tel apparut le Groënland à nos pérégrinateurs, alors qu'ils se trouvaient au sud de l'île de Disco, à la sortie du détroit de Davis, près de la rade de Godhaben, le 1er août de cette année 1860.

Les plus curieux des hommes de l'expédition songent peu au travail. Ils sont le plus souvent en contemplation devant les montagnes de glace ou icebergs, dont l'ombre injecte d'un vert émeraude les eaux qui les portent. Ils comparent ces icebergs à des îles de cristal, sur les pentes desquelles se précipitent en frémissant des centaines de cascatelles aux teintes délicates les plus charmantes.

Ce sont, en effet, de véritables glaciers erratiques, qui ont aussi leurs dépôts de neiges et de glaces fondant pendant le jour. Il arrive fréquemment que des contreforts de ces masses gigantesques se détachent et glissent dans l'abîme avec un bruit inexprimable d'artillerie en éruption, tandis que la lame continue à rouler majestueusement à travers les arceaux rompus de l'édifice aérien.

On est à Upernavik, ai-je dit, et puisque c'est de là que va se faire l'expédition, comme dans le drame et la comédie, il est bon de présenter au lecteur les personnages qui feront les premiers rôles de la pièce.

Honneur au chef de l'entreprise, le commandant en premier, docteur Hayes.

Après lui, vient le commandant en second, Sonntag, astronome distingué.

Puis l'officier de manœuvres, Mac Cormich.

Ce sont ensuite W. Dodge, H. Radcliffe,

C. Starr, et deux volontaires, et enfin cinq matelots.

F. Knorr est le secrétaire de l'expédition.

Le plus instruit de ces divers acteurs est Aug. Sonntag.

— Glaçons à ranger le bord!... entend-on dire à chaque instant, à l'approche d'un iceberg, dont l'altitude égale celle du plus haut des mâts, et dont il est urgent de garantir la goëlette.

C'est un pilote de Prœven, vêtu de peaux de phoques en lambeaux, et répondant au nom d'Adam, qui fait manœuvrer le bâtiment jusqu'à Upernavik, dont un récif rend assez peu commode l'entrée du port.

On jette l'ancre au côté d'un brick danois, *le Thiasfe,* en chargement pour Copenhague de peaux et d'huiles de phoques. Depuis les embarcations de Terre-Neuve, c'est le premier vaisseau que rencontrent nos gens des *Etats-Unis.* Aussi profite-t-on de sa présence et de son départ prochain pour envoyer des nouvelles de l'expédition.

Deux navires dans le port d'Upernavik,

c'est un spectacle délirant que ne se refusent
pas les groupes les plus étranges d'hommes,
de femmes et d'enfants, dans les costumes
les plus excentriques, descendant en longues
files de la steppe de mousses qui s'étend en
pente douce de la ville d'Upernavik à la mer.

Prœven et Upernavik se ressemblent : des
huttes sur une colline du rivage, et autour
des huttes de gros et safranés Esquimaux qui
vont et viennent. Tel est le tableau. Pourtant,
jolie petite église, et charmant presbytère.
Dans le presbytère, lourde et jaune Esquimaude, aux cheveux noirs comme la nuit, en
blouse et pantalon de peaux de phoques, mais
les jambes enfouies dans des bottes, tout
comme Bastien. Seulement ses bottes, à elle,
sont écarlates et brodées de fils blancs. Quelle
excessive propreté dans cette demeure du
ministre protestant! Parfums de roses, de ré-
sédas, d'héliotrope, ne vous déplaise! Et, pour
musique, un canari qui chante et un matou
qui fait la basse.

Salut au maître de céans, M. Anton! Il y a
aussi une madame Anton et une demoiselle

Anton. C'est à qui, dans la maison, fera le meilleur accueil aux visiteurs de la goëlette *les Etats-Unis*. Bonne table, Médoc, oui, Médoc délicieux, café, et le reste.

On est quelque peu civilisé, au presbytère d'Upernavik!

Hélas! il s'agit d'obtenir les services du ministre pour un pauvre matelot du bord, G. Caruthers, que l'on a trouvé mort dans son cadre... C'est une perte, un grande perte même, car Caruthers connaissait mieux que personne les mers arctiques!

Enfin, le pauvre homme est transporté du navire au cimetière d'Upernavik. Quel cimetière! On ne peut rien voir de plus sinistre, de plus désolé. Et cependant il est situé sur la colline, au-dessus de la bourgade : mais on n'enterre pas dans ce cimetière, attendu que la terre fait complètement défaut. On dépose les défunts dans un pli de rochers, et on le couvre de tous les débris possibles de roches effritées. C'est une couche bien dure : mais au moins les vagues de l'Océan font monter jusque-là leur grande voix, qui berce les cadavres, et leur chante un *requiem* perpétuel...

La grande affaire, à Upernavik, est de se procurer des chiens pour servir d'attelages, lorsque l'expédition atteindra les neiges du Pôle. Et puis des vêtements de peaux de rennes, de chiens et de phoques, sont indispensables. Enfin il faut remplacer Caruthers, et pour cela on engage un interprète et deux chasseurs d'abord ; puis, deux marins danois s'attachent à la goëlette, comme auxiliaires.

Donc, actuellement, vingt hommes composent le personnel du bâtiment :

P. Jensen, l'interprète ;

Olsurg et Pétersen, matelots ;

Et les trois Esquimaux, conducteurs de chiens et chasseurs, Peter, Marc et Jacob.

En attendant un vent propice, fête à bord, fête offerte, en échange des civilités reçues, à la famille Anton, au résident de l'Etat, M. Hansen, etc. Mais voici que, on déguste encore les friandises américaines, lorsque s'avance tout-à-coup un contre-maître, parlant au nom de l'officier de quart.

— Les chiens sont à bord, de tout-à-l'heure.

dit-il, et maintenant voici le vent qui souffle du sud... On lève l'ancre à l'instant...

Désarroi général. C'est à qui s'enfuira au plus vite. On s'entasse dans les canots, on s'éloigne. Le cabestan accomplit son œuvre, et la goëlette *les Etats-Unis* se met en mouvement.

Au lever du soleil, des hauteurs d'Upernavik, et sur ses vertes pelouses, on voyait de la haute mer s'agiter, en signe d'adieux, les mouchoirs blancs des bons habitants de ces solitudes glacées...

II

Jusqu'à Upernavik on fait encore partie du monde civilisé.

Au-delà, plus de vie, mais la mort, la mort de la nature.

Plus rien que des glaces, les icebergs que vous savez, glaces monstrueuses; et puis des neiges amoncelées, des mers inconnues, fantasques, avec des dangers sans nombre et de tous les instants.

L'horizon, il n'y en a plus ! Partout des montagnes de glaces, des amoncellements formidables de neiges reposant sur les glaçons ; partout des couloirs que le navire ne peut franchir qu'à grand'peine.

Et puis, un froid horrible, inexprimable.

On entre en pleine mer de Baffin, vaste golfe ouvert de l'Atlantique, et ainsi nommée de Baffin, habile pilote anglais, qui la visita le premier, sur la côte de l'Amérique du Nord. Elle communique à l'Atlantique par le détroit de Davis, à la mer d'Hudson par ceux de Cumberland et d'Hudson, et à l'océan Glacial-Arctique par le détroit de Lancastre et Barrow.

Tout est sinistre à bord ; on ne voit que des hommes gelés, nonobstant leurs peaux de phoques. Tout est plus sinistre sur la mer : des murailles de glaces entourent le navire. A peine si l'on peut avancer de quelques kilomètres à certaines heures : à d'autres, le navire s'arrête et demeure immobile, fixe comme le dieu Terme.

Mais voici venir les courants.

On observait le moindre indice de vent, lorsque, tout-à-coup, on avise que la vague a changé de mouvement et qu'elle pousse le bâtiment à la rencontre de massifs de banquises placées sous le vent. Il se présente même une de ces banquises tellement perforée de fissures, d'érosions, d'alvéoles innombrables, que l'on peut craindre, à raison de sa hauteur prodigieuse, qu'elle ne dévale au moindre choc, en enfouissant la goëlette sous ses débris. Et, cependant, le courant s'impose, il ne permet pas de lutter contre sa violence. Que faire? On met un canot à flot, et on tente de fixer un câble à un bloc échoué. Cette opération réussit à souhait.

Le bâtiment touche bien et le choc détache d'innombrables fragments dont la plus forte avalanche se rue plus loin dans la mer.

En effet, une portion de la banquise, plus forte que la goëlette de douze à quinze grosseurs, s'enfonce dans le gouffre en projetant au loin d'immenses gerbes d'écume. Mais, comme on se félicite de cet avantage, on sent aux frottements de la quille qu'une partie ai-

guë de l'iceberg peut crever le navire. Aussitôt, on a recours aux gaffes, et à l'aide de ces
perches on repousse la goëlette aussi loin que
possible de ce dangereux glaçon.

En ce moment, une épouvantable détona-
tion se fait entendre. C'est le géant qui, séparé
en deux, ébranle la masse entière qui reste,
et ses parties les plus colossales se détachent
et roulent dans la mer. Les navigateurs se
croient perdus.

Heureusement Dodge veille, lui, du canot
dans lequel il est allé attacher une ancre dans
le glaçon échoué. Alors il s'écrie :

— Tirez sur le câble, tous!

On exécute son ordre, et, soudain, la goëlette s'éloigne lentement d'abord, majestueusement ensuite. L'équipage est sauf.

Il était temps, car en cet instant même l'é-
norme banc de glace s'affaissait, subissant la
rupture tant redoutée, et la portion gigantes-
que de l'iceberg la plus rapprochée du vaisseau se détachait avec un épouvantable cra-
quement, en faisant rejaillir sur le pont et

l'équipage d'incommensurables nappes d'é-
cume.

Enfin, dégagés des parages si redoutables,
les expéditionnistes commencent à entrevoir,
au levant, de nombreuses petites îles formant
des taches sombres et capitonnant les eaux
resplendissantes de la mer Arctique. Il y a
bien encore des banquises de toutes formes et
de toutes grandeurs, qui, accumulées dans les
détroits qui séparent ces îles, semblent défen-
dre l'accès d'une plaine couverte de givre et
de neige, formant bourrelet à son extrémité
et se perdant au loin dans la perspective
d'une étroite bande d'un blanc léger nuancé
de bleu.

Les alternatives de terreur et d'espérance
sont à leur fin. Il ne reste plus qu'à s'oublier
dans l'admiration du spectacle présenté par la
ligne ruisselante de lumière qui sert d'auréole
aux dentelures sombres de la crête fermant
l'horizon. Il est facile de reconnaître la grande
mer de glace qui enveloppe la terre verte du
Groënland. Les pentes blanchâtres s'inclinant
vers les rivages, ne sont autre chose que assi-

ses d'un glacier titanique, fleuve de cristal envoyant ses icebergs et banquises à la mer de Baffin. Et c'est au milieu de leur dédale que la goëlette *les Etats-Unis* venait de braver les plus grands dangers.

Enfin, vers le soir du 21 août, les amoncellements de glace se dispersent peu à peu sous le souffle du vent du midi, et les navigateurs peuvent aller s'embosser dans une petite anse de la côte, que signale un village esquimau, celui de *Tessuissac*. C'est une agglomération de quelques huttes de peaux, d'un aspect assez propre. Des herbes et des mousses recouvrent plusieurs de ces huttes, et l'une d'elles est la propriété de Jensen, le nouvel interprète.

Le séjour de Tessuissac doit être de deux heures au plus. M. Sonntag en profite pour aller fixer la position de cette côte à l'aide de ses instruments. Puis, on a donné quelque liberté aux chiens sur la terre ferme. On reste plus longtemps, car d'autre part une banquise vient fermer le port. Toutefois on rassemble les chiens : on fait quelques échanges avec les naturels, et la goëlette s'éloigne.

Voyez-vous le tableau : trente chiens sur le pont! Or, ces quatre attelages sont logés dans des cages, comme les fauves des jardins zoologiques. Ils sont affolés par la peur, souvent aussi une bataille s'engage. Alors quel bruit, quel tapage, quels hurlements!

On ne peut perdre le temps parce que la saison s'avance. Un vapeur, *le Fox*, était bloqué par les glaces, le 26 août 1857. Or, on est au 22. Aussi, c'est avec bonheur que nos marins voient leur goëlette s'avancer à travers les couloirs sinueux des îlots et des banquises, ayant le cap sur la baie de Melville.

Mais déjà les nuits sont très-sombres. On use de la plus sérieuse vigilance.

Tout-à-coup, le vent souffle, la mer se fait houleuse. Un nuage épais se répand sur le zénith du navire. Impossible de plus rien voir. Comment diriger la marche? D'une extrémité à l'autre du bâtiment, on est plongé dans un brouillard impénétrable. Avec cela, la neige tombe, la grêle ruisselle, le vent fait rage, et les vagues déferlent sur le pont. Un bruit affreux frappe toutes les oreilles.

— Qu'y a-t-il? demande le commandant Hayes à la vigie.

— Je ne sais... réplique le matelot.

Soudain, voici que, dans la brume, se dresse une blancheur qui prend corps. C'est un formidable iceberg, dont on ne peut juger les contours. Impuissant à rien ordonner, le commandant se fie à la Providence, et il fait bien. La goëlette glisse, en frôlant la monstrueuse banquise, et elle échappe ainsi au choc qui devait anéantir l'équipage et le bâtiment. Tout au plus les marins sont-ils couverts de l'embrun des lames, tandis que le glaçon colossal se replonge dans l'obscurité d'où il avait si inopinément émergé.

On arrive au cap York. Là, doit se trouver, on le suppose, un chasseur groënlandais du nom de Hans, qui a voyagé pendant deux ans avec le docteur Kane. Mais, arrivé dans ces parages, une belle Esquimaude a séduit son cœur, et Hans a quitté le docteur Kane, pour aller planter sa tente au milieu de celles des sauvages habitants des côtes septentrionales de la mer de Baffin.

Hans est-il encore sous l'influence des charmes de l'Esquimaude? On espère que non. Aussi le commandant Hayes se hâte d'aller à la découverte, car le chasseur est un homme précieux.

Qui se présente soudain, à la descente du canot abordant la côte, et au milieu d'une bande d'Esquimaux appelant à eux les navigateurs! Hans lui-même, Hans tout joyeux de revoir MM. Hayes et Sonntag, dont il n'a pas oublié les noms. Mais Hans n'est pas seul. Sa grosse moitié est là, portant un enfant sur le dos, dans sa capeline de peau de phoque. A ses côtés se tiennent aussi un frère de sa femme, la mère de sa femme. Tout ce monde, nonobstant son état sauvage, fait des avances aux marins. Hans leur offre les reliefs de sa table, sous la hutte qu'il a élevée au sommet de la côte. De là, depuis longtemps (la lune de miel dure si peu, même chez les Esquimaux), le Groënlandais, qui s'ennuie fort,

guette le passage d'un navire. Six ans d'observatoire!

Alors, on lui fait la proposition de s'enrôler
dans l'équipage. Il accepte; mais il emmènera
sa femme, elle le veut! Il faut en passer par
cette condition. Certes, il l'eût laissée volontiers, avec la mère, le frère et le poupon, aux
bons soins de la tribu. Mais madame Hans ne
veut pas quitter son mari, et on les embarque.

Inutile de raconter ici que pour admettre
la nouvelle famille aux honneurs de partager
la table et les cadres, les matelots du bord se
font un devoir de laver, à grande eau, les
membres improvisés de l'équipage. C'est à
moitié du goût de madame Hans, qui pleure
et se débat. Toutefois, l'opération se fait,
après quoi on habille le père, la mère et l'enfant de la chemise rouge traditionnelle, et on
leur offre une garde-robe de peaux de phoques.

Cependant le vent souffle, tournant au
N.-E. Peu à peu les nuages sont déchirés,
s'envolent, et on aperçoit la terre, à savoir le
cap Alexandre. Ce sont de hautes falaises qui
signalent l'entrée du détroit de Smith.

2.

La goëlette s'avance dans un chenal que bordent le rivage, d'une part, et, de l'autre, un interminable champ de glaces. Le vent tombe, et le bâtiment s'arrête. Néanmoins une nouvelle poussière de forte brise fait avancer vers le détroit, appelé de tous les vœux.

On y entre à peine que l'on voit accourir une incommensurable banquise, composée des plus effrayants champs de glaces que jamais navigateurs aient trouvés sur leur chemin. On n'en voit point la fin. Les glaçons ne comptent guère que soixante centimètres au-dessus de la mer, mais ils resserrent constamment l'espace. Aussi ne sait-on que devenir, d'autant plus que le vent, venant de la côte, interdit tout mouvement du côté de la terre.

C'est le 29 août, dans l'après-midi, que nos marins sont livrés à cette triste situation. Elle s'aggrave encore. Voici qu'une indescriptible tempête fond sur la mer, et la position est des plus critiques. La côte, dont les falaises comptent à peu près quatre cents pieds d'altitude, et dont les sommets sont blancs de neige toute fraîche, ne présente que des aspects sinistres. La tourmente échevelée, furieuse, s'agite par-dessus les crêtes de ces falaises et se rue sur la pauvre goëlette, qui n'en peut mais.

Viennent dix heures du soir. Que c'est horrible d'être en mer, pendant la nuit, alors que mugit et gronde la tempête. A peine avance-t-on de quelques mètres. Oh! c'est un drame d'une irrésistible puissance et d'une horrible magnificence, assurément. Mais il est plus beau à contempler de la terre ferme!

Comme consolation, du reste, ceux qui ne veillent pas au salut commun se donnent à leur tour les jouissances d'une cabine bien chaude, celle des officiers, où le feu pétille, où le thé fume, où on lit, où on sommeille, où le maître-coq apporte, au grand risque de chavirer sur le pont couvert de verglas, les gâteaux sortant du four.

— Quel temps, Messieurs, quel temps! fait-il en poussant un soupir prolongé. Si je savais seulement où nous sommes, ajoute-t-il, et si nous pêcherons bientôt des phoques; car ils me disent là-bas, les matelots, que nous sommes ici pour la pêche...

— Des phoques? lui répond-on en riant. *Ils* vous attrapent là-bas, mon bon chef, nous ne venons pas ici pour des phoques; nous allons au Pôle Nord, et il nous faut franchir encore quinze cents kilomètres pour l'atteindre.

— Le Pôle Nord!... murmure le naïf cuisinier...

Pourtant le vent a fraîchi, et la goëlette a fait quelques brasses.

On est au 1ᵉʳ septembre. Hélas! le navire est encore repoussé du détroit de Smith. Un iceberg a brisé sa vergue de misaine.

Puis, voici les champs de glace qui se resserrent et circonscrivent l'espace réservé au navire. L'infortunée goëlette s'agite et fait entendre des craquements plaintifs. Sa taille svelte est trop à l'étroit, sous l'étreinte de la glace. Ses flancs vont-ils donc céder? On voit s'infléchir les rivures du pont et devenir béantes les coutures des bastingages. Soudainement, le navire est soulevé par une pression violente : on craint qu'il ne tombe sur le côté.

Il n'en est rien. L'action de la glace cesse de se reproduire : la goëlette reprend lentement son équilibre, en retombant dans son petit hâvre, tandis que les glaçons s'enfoncent bruyamment sous sa quille. Mais l'eau monte dans la cale; mais le gouvernail est crevassé; mais des portions de la pièce courbe qui forme la proue, l'étrave, s'en vont en morceaux.

Enfin on répare le tout, et, dans l'impossibilité d'aller en avant, on songe à retourner en arrière.

En effet, la goëlette *les Etats-Unis* s'achemine vers un groupe d'îles qui clôturent la baie de Hartstène, et là, se glissant par l'une des passes qui y conduisent, on jette l'ancre dans une anse minuscule que l'on baptise du nom de *Foulke*, l'un des partisans dévoués de l'expédition; on amarre le bâtiment abrité contre les vents aux aspérités d'une chaîne de rochers, et on attend.

Presque aussitôt les passes sont solidifiées par la gelée, et le navire est emprisonné pour longtemps.

Alors le commandant Hayes organise l'hi-vernage.

Knorr, Radcliffe et Starr, dont on donne les noms à trois îlots généralement appelés les *Trois Jouvenceaux*, à l'entrée de la petite baie, adoptent comme chef M. Sonntag, et sous sa direction se livrent à des études scientifiques, dans le voisinage de la terre ferme.

Jensen, Hans et Peter entrent en fonctions comme chasseurs.

M. Dodge en tête, les autres hommes de l'équipage transbordent la cargaison sur le rivage, où l'on édifie, en pierres sèches ayant pour toiture des voiles au rebut, une tente qui devient le magasin général.

Quant à Mac Cormich, aidé du charpentier, il fait la toilette d'hiver à la goélette, dont on enlève tout ce qui peut subir des avaries. Le pont est aménagé de manière à former, avec une couverture de planches, une chambre commune assez vaste, bien aérée, et donnant, par quatre fenêtres, accès à la lumière, tant qu'il y aura de la lumière, car le soleil s'éloigne, et son rayonnement est déjà bien faible. En-

fin, de la cale on fait une cabine pour les matelots, et on y dispose le fourneau du maître-
coq.

Le 1er octobre, grande fête à bord : on pend
la crémaillère. Pâté de gibier, saumon d'Upernavik, gibelottes de lapins, cuissot de renne,
tel est le menu du festin. Comment ne pas se
divertir quelque peu? Les provisions abondent, la chasse est productive. Les haubans
portent saignants douze magnifiques rennes :
lapins et renards sans nombre sont accrochés
aux agrès. Jensen fait en outre des réserves
cachées de son gibier, en certains endroits
des terres, car on rencontre fréquemment des
troupeaux de vingt, trente et cinquante rennes, dans les plaines. Mais n'oublions pas
qu'il y a bien des chiens à nourrir, et quel appétit à satisfaire! Bref, on peut espérer de me-
ner l'hivernage à bonne fin.

Mais, hélas! voici venir maintenant la lutte
contre l'envahissement de l'obscurité. La nuit
arctique succède au crépuscule, car le soleil...
disparaît complètement le 15 octobre, derrière
le rideau de collines du sud. On ne le verra

plus avant quatre mois. Quatre mois de ténèbres! Ainsi l'équipage des *Etats-Unis*, séparé
du reste du monde, se trouve enfoui dans les
profondeurs du désert Polaire Arctique.

Pourtant, on fait des courses dans un but
de découvertes.

Deux traîneaux, attelés chacun de douze
chiens, rapides comme le vent, franchissent,
en vingt-huit minutes, onze kilomètres, en
longeant les bords d'un golfe, au nord du port
Foulke, et le retour se fait en trente-trois.
Jensen conduit M. Hayes. Sonntag, dans l'autre traîneau, est distancé de quatre minutes.

Le fouet joue un grand rôle dans cette rapidité vertigineuse. Les Esquimaux excellent
à faire courir leurs chiens, et c'est à grand
renfort de coups. Le fouet esquimau est ter-
miné par une peau de phoque, avec laquelle
le conducteur peut faire couler le sang de l'a-
nimal et surexciter son ardeur. C'est cruel,
mais il n'est pas d'autre manière de vaincre
la résistance du pauvre chien, qui tantôt est
détourné de la voie par un renard qui muse,
par un ours qui dévale, par un oiseau qui

piaille. Aussitôt le fouet le rappelle au devoir, et les chiens de voler à travers neiges entassées, crevasses, glaçons, aspérités de toutes sortes.

Ces courses se répètent fort souvent : c'est tantôt un point, tantôt un autre que l'on a pour but de visiter.

On découvre ainsi une large vallée, romantique autant que peut l'être un paysage sans soleil, bordée d'une haute chaîne de rochers, et terminée par un glacier dont la base est baignée par un délicieux petit lac sombre et rêveur. Le vent a fait disparaître la neige de la plaine, et on voit sur la steppe verte des bandes de rennes broutant le gazon rougi, dont on surprend quelques-uns.

Ce lac reçoit le nom d'*Alida,* et la vallée celui de *Chester.* C'est le vœu des deux cœurs de M. Sonntag et de M. Hayes, en souvenir de quelque tendre affection.

Vers le 20 octobre, découverte d'une inimitié profonde entre Hans et Peter, les deux chasseurs groënlandais.

Peter est le favori de M. Hayes, car tout

Esquimau qu'il est, Peter est propre, adroit, sculpteur habile des défenses de morse, et, offrant de ses œuvres au commandant, le commandant lui fait don d'habillements en drap, de chemises rouges, etc.

Inde iræ de la part de Hans, qui, du reste, est jaloux de tous ses congénères. Hans boude, Hans se tient à l'écart.

Tel est le caractère esquimau : pas de querelles, pas de rixes. On a un rival; un vieillard vit trop longtemps; une femme passe pour s'adonner aux maléfices, etc.; on s'en saisit dans l'ombre, et... le tour est joué. La mort vous débarrasse...

A cette occasion, je citerai ce passage de la *Revue britannique*, qui révèle les tristes mœurs des Esquimaux.

Chez eux, « une femme malade et qu'on juge n'être plus bonne à rien, est enterrée *vivante*. Un jour, M. Hall, visitant une malade à laquelle il avait donné ses soins, trouva ses voisins occupés à lui bâtir un *iglou*, c'est-à-dire une hutte de glace et de neige. Il apprit que cela devait servir de tombeau à la malade.

En effet, Nouketon fut transportée dans l'iglou neuf, étendue sur une couche de neige, et enfermée par des blocs de glace. M. Hall l'alla voir encore. Elle était calme, résignée, et même reconnaissante de ce traitement. Elle savait que la hutte devait lui servir de tombeau : mais elle était de sa race, et, devenue un fardeau pour les autres, n'ignorant pas que ses jours étaient comptés, elle acceptait cette mesure comme un acte juste auquel personne ne pouvait trouver à blâmer ; elle sentait de la gratitude envers ceux qui avaient pris tant de soins pour rendre heureux ses derniers instants... »

Donc, maître Hans est en rivalité avec Peter, et en lui toute sensibilité s'éteint sous le frisson de la haine. Eût-on donné à Hans les plus belles choses du navire, il fût resté jaloux. Pour détruire sa sourde colère, le seul moyen serait de faire un paria de Peter.

Et pourtant Hans a une tente à lui seul, dont madame Hans, jadis mademoiselle Merkut, fait l'ornement et la joie, aussi bien que Pingasick, leur poupon. Or, notez que madame

Hans est passablement gentille... pour une Esquimaude, et quand, tous les mois, elle consent à se débarbouiller, sur sa peau jaune on est tout surpris de voir s'étendre un soupçon de nuance rosée.

Enfin, en présence de cet état de choses, que faire?... Attendre, et veiller!

Le 21 octobre, en quarante minutes le traîneau de Hans conduit M. Sonntag, et celui de Jensen M. Hayes, au glacier dit du *Frère John*. C'est à proprement parler un iceberg sur terre : surfaces irrégulières, tailladées, crevassées, déchiquetées partout, avec longues lignes perpendiculaires creusées par la fonte des neiges, aux beaux jours de l'été; et, au dos de cette montagne de glace, pentes abruptes, puis descente rapide dans la mer, vers le levant.

Il s'agit de pénétrer dans une gorge étroite, sinueuse, et d'aller voir si ce glacier est mobile et marche, comme d'autres glaciers. Mais laissons nos savants à leurs observations.

Six rennes ont été tués par Barnum : Hans

en a immolé neuf, et deux ont été les victimes de Jensen.

C'est d'à-propos, car, ce jour-là, sur le pont de la goëlette on célèbre l'anniversaire de la naissance de Mac Cormick, comme on fête celui de tous les officiers du bord, à tour de rôle.

Pour cette circonstance, Mac Cormick a déployé tout ce qu'il a de talent et d'intelligence : billets d'invitation rédigés en très beau style ; cartes du menu, auxquelles Radcliffe a prêté l'originalité de ses dessins ; salle richement tapissée ; chaleur douce et tempérée ; éclairage *à giorno*. Et, sur la table, où étincellent les cristaux, où brille l'argenterie, où se dressent des flacons de Xérès, de Madère, de vins du Rhin, de Champagne et Bordeaux, mis en ligne comme des soldats à la parade, foisonnent, disposés par Mac Cormick, qui s'est fait le Vatel du jour, potage à la jardinière, saumon bouilli mollement étendu sur une nappe blanche comme la neige du dehors, cuissot de renne avec entourage de canards aux groseilles, légumes frais quoique conservés, plumpudding noyé dans un embrasement de vieux rhum, mayonnaise de gibier glacé, etc. J'en passe, et des meilleurs... C'est à n'en plus finir, et certes on ne se croirait pas dans le voisinage du Pôle Nord. Plaignez donc nos marins de leur long hivernage!...

Je ne vous décrirai pas les péripéties d'une autre excursion au glacier du Frère John, excursion que Sonntag et le commandant Hayes faillirent payer de leur vie, en s'enfonçant dans une des grandes crevasses de l'iceberg. Pour racheter les ennuis de cet enfouissement, ils eurent la jouissance d'incomparables perspectives... au clair de lune. Elevés à une altitude de plus de quinze cents mètres au-dessus de la mer, et à cent vingt kilomètres de la côte, ils purent contempler l'immensité sans limites d'un désert de glaces, dans les détails duquel se perdait la vue.

Une cruelle tempête s'éleva dans le moment même où la lune achevait sa course quotidienne, et sa pâle lueur, sur laquelle d'étranges vapeurs secouaient leur crêpe funèbre, les contraignit à errer à l'aventure à travers des plaines infinies. Alors, dans les régions supérieures, le vent faisait rage, et tourbillonnait la neige fouettée par la rafale, tandis que les nues, chargées de givre, couraient affolées au milieu de l'espace, semblables à d'impétueux fantômes.

A cet instant même, alors que l'ouragan se déchaînait et que le glacier du Frère John ruisselait des paillettes d'argent de l'astre des nuits, une mince aurore boréale illuminait les rivages de la mer, et, à l'horizon, s'estompaient les silhouettes de montagnes aux aspects fantastiques.

Je ne puis m'arrêter ici à parler des fleuves de glace et de leur marche continue, incessante. De même que dans nos Alpes, du sommet de leurs montagnes des vallées polaires descendent lentement, mais sans que rien les arrête, les glaciers, cherchant les niveaux inférieurs. Arrivent-ils à la mer? ils prennent leur flottage dans les eaux et deviennent des icebergs effrayants d'altitude et de formes colossales, des banquises gigantesques, ou des champs de glaçons.

C'est après avoir pénétré, à diverses reprises, dans le glacier du Frère John, que nos savants marins tirent les conclusions rigoureuses que j'analyse.

Or, ce Frère John sera quelque jour, dans 600 ans peut-être, un iceberg. Qui vivra le verra se promener majestueusement sur les eaux du nord.

— Et des nouvelles de Hans et de Peter!... me direz-vous.

Ah! le commandant n'a pas confiance dans la voix doucereuse et l'œil malin du hideux Esquimau. Mais Sonntag le préfère à Peter. On s'attend à un drame.

Quant à madame Hans, jamais au monde plus énervante paresse. Et entêtée donc! De son mari, elle a pris la bouderie taciturne. Elle boude même son mari, qui s'en inquiète peu ou prou. Elle déserte même, un jour, la tente conjugale. Plus de madame Hans! Hans n'en trouve que plus savoureuse l'âcre odeur de sa pipe, et se fie au froid du dehors pour ramener sa chère moitié, et il est dans le vrai.

Règlement sévère à bord pour le lever, le

coucher, la propreté quotidienne du navire et
des personnes, les repas, les exercices, les
chasses, les sorties, et les fonctions confiées à
chacun. On entretient en miniature les usages de la patrie et les bons rapports entre gens
qui se respectent.

Le dimanche se passe comme à Philadel-
phie, comme à Boston, dans les prières et les
lectures. Bref, l'hivernage n'est point une occasion de relâchement.

Un jour, dans une chasse, on avise une
ourse et son ourson. Les traîneaux volent :
les chiens veulent se jeter sur la bête, qui
fuit vers la mer, son salut. Mais, soudain, on
dételle les meutes, et les chiens en fureur se
précipitent vers leur proie. Pauvre mère!
quand elle voit qu'elle ne réussira pas à atteindre les glaces flottantes, elle s'arrête, se
rassemble, serre contre sa poitrine son ourson, et se dispose à la lutte. Les chiens fon-
dent sur le groupe comme une légion de dé-
mons. De ses pattes crispées, l'ourse divise
en deux parts les assaillants, et les rejette à
droite et à gauche. C'est un vieux chien qui

dirige l'attaque : mais un plus jeune se jette
résolûment à la tête de l'animal. Il retombe
sans vie. Un autre veut prendre sa place et
saisir l'ourse au poitrail. Celle-ci se retourne...
Mais alors son ourson, qu'elle oublie un moment, est mis à découvert et enlevé. Exaspé-
rée, la mère aux abois fait reculer l'audacieux
ennemi, lui reprend son petit, tout sanglant,
et le replace sous son ventre. Mais, à cet instant, une décharge de carabines fait son œuvre et tue l'ourson.

Jamais tableau plus touchant d'amour ma-
ternel ne fut donné à des chasseurs. L'ourse
saisit son petit, et nonobstant les mille morsures qui lui déchirent les flancs, elle se prend
à lécher avec une inexprimable tendresse l'infortunée victime que la mort a saisie. Vous
devinez le reste.

Eh bien! le drame a eu lieu, mais il est
très mystérieux et demeure inexplicable.
Plus de Peter! Peter a disparu : il s'est sauvé,
on en a la preuve, mais où va-t-il? Hans se
justifie de toute attaque : il s'efforce même de
retrouver son ennemi. A l'aide de lanternes

'on fait des recherches à de grandes distances.
Un sac à habits retrouvé, voilà tout. Evidem-
ment le malheureux Peter perdra la vie, car
on est à plus de quinze cents kilomètres des
Esquimaux, et les tempêtes se succèdent sans
interruption. L'épée de Damoclès est suspen-
due sur la tête de Hans, à savoir la corde de
pendaison.

III

La contrée polaire où gisent nos **marins des
Etats-Unis** est plongée dans la plus profonde
obscurité désormais, à partir de la fin de novembre. Aussi, les étoiles brillent sans discontinuer.

On est en pleine nuit d'hiver arctique, trois
mois de ténèbres !

Seule, pendant les jours de sa course lumineuse, la lune s'avance majestueusement au-
dessus de la région, brillant d'un éclat qu'on
ne lui connaît pas ailleurs. Par leurs reflets,
les immenses espaces de neige ajoutent à son
magnifique rayonnement.

Néanmoins, jours et mois passent péniblement.

Mais voici qui agite et éprouve cruellement nos désolés hivernants : la peste se déclare parmi les chiens! On sait, par Hans, que les Esquimaux en ont perdu beaucoup précédemment. Aussi use-t-on de toutes les précautions voulues pour circonscrire le fléau · mais le mal ne s'arrête pas. Presque tous les précieux animaux sont enlevés, et c'est une grande perte pour l'expédition, car comment tenter des explorations sans attelages et sans traîneaux? Alors on se décide à se rendre à la côte, où l'on peut espérer rencontrer des Esquimaux, afin de se procurer d'autres chiens.

On est au 22 décembre, le minuit du Pôle Arctique.

Hans se prépare à conduire, avec le traîneau que peuvent tirer encore quelques chiens, M. Sonntag à la découverte des Esquimaux. Pour cela, on emporte des objets capables de séduire ces braves gens.

Le commandant fait un rêve affreux . il voit, dans une zone lumineuse, s'estomper le traîneau, les chiens, Hans et Sonntag : mais tout-à-coup celui-ci est englouti dans les eaux noires d'une mer en tempête!... Que conclure d'un rêve?... M. Hayes se rassure.

Le 24 décembre est venu. C'est du bonheur, de la joie partout, dans le monde civilisé. Hélas! c'est seulement en esprit que nos hommes de mer revoient les splendeurs de cette fête chrétienne : c'est seulement en esprit qu'ils entendent ses joyeux carillons. Les jaillissements de lumière et les chants des cloches leur feront défaut!... Et les repas de famille, et les cadeaux, et les promenades au soleil d'hiver!...

Eh bien! l'on sort pourtant de sa torpeur, à bord, sous la grande Ourse! Voici que chacun trouve moyen d'échanger des étrennes, selon l'usage d'Amérique. Grâce au commandant, la soute aux provisions a ses secrets, et, en ce jour de Noël, elle sort de sa réserve!

Le 25, tout d'abord on a hissé la cloche de la goëlette au sommet du grand mât, et elle à retenti dans la solitude glacée des steppes : mais elle a fait battre le cœur de nos marins, car elle joignait alors ses notes grêles à celles du grand concert des autres cloches du monde annonçant la venue du Sauveur. Puis on a tapissé de drapeaux le local de la fête. Tout chacun a mis ses lampes en bon état, et on a illuminé la salle. Enfin on a prié Dieu, après quoi, le commandant salué de trois hurrahs, on s'est mis à table. Oui, à table, et cette fois elle est encombrée d'un festin qui, par ses richesses culinaires, dues aux bons offices de Mac Cormich, a dépassé les merveilles des banquets précédents.

1861!... Autre solennité, annoncée, cette fois, par le canon de la goëlette *les Etats-Unis*...

Feu d'artifice, ensuite. On n'a pas eu besoin d'attendre la nuit, pour en faire mieux ressortir les splendeurs : elle était toute venue, la nuit, et qu'elle était noire!

Le 5 janvier voit mourir... le dernier des chiens!

Le temps se passe à élever et éduquer un renardeau, très-fûté, trop dégourdi, qui répond au nom de Birdie.

Rafales et tempêtes, sans discontinuer.

Pas d'aurores boréales, et cependant on est là dans leur patrie!

Que c'est horrible... une nuit profonde, épaisse, de trois mois et plus! Comme on songe au gai soleil que l'on n'a plus! Comme on aimerait une occupation quelconque, en pleine lumière! que c'est bon la lumière! Il est si doux de voir la famille, les amis, aller et venir, vous sourire et vous serrer la main!

Tandis que, sous le Pôle, quelle écrasante et sinistre solitude! L'intelligence en est affectée! On écoute, on voudrait entendre. Rien! pas un murmure, pas un gazouillement d'oiseau! On ouvre les yeux, on voudrait voir! Rien! Tout est noir!... C'est à frémir d'épouvante...

Un mois déjà, depuis le départ de M. Sonntag.

Le 27 janvier, tempête violente, qui empêche de sortir.

Le 29, calme relatif. On s'enveloppe de fourrures et on va partir, lorsque survient le matelot en vigie :

— Deux Esquimaux, monsieur Hayes!...

— Deux Esquimaux?...

Ils ont pu arriver sans être vus, cela se comprend. Ils sortent des ténèbres, et les voici en pleine lumière de la lampe.

Destin fatal!... Sonntag, le savant Sonntag, le dévoué Sonntag est mort!...

Hans arrive par petites étapes, car il est mort plusieurs de ses chiens. Il amène avec lui beau-père, belle-mère, toute la famille Merkut...

Enfin, voici Hans : il entre dans de longues explications :

Ayant eu froid, l'infortuné Sonntag s'est mis à courir à côté du traîneau. Mais son pied mal assuré glisse dans une fissure à peine couverte d'une glace très-mince. Il tombe dans l'eau. Maladroitement, Sonntag ne veut pas changer de vêtements, et il court de nouveau à la suite des chiens, pour se réchauffer, et enfin remonte dans le traîneau. Mais, arrivé à Sorfalik, l'imprudent ne peut plus parler, tant le froid a roidi son corps. C'est là qu'il meurt, dans une hutte de neige...

Alors Hans va droit aux Esquimaux de Net-
lik, les trouve abondamment pourvus de phoques, fait curée avec eux, leur raconte que
M. Hayes a besoin de chiens, leur partage gé-
néreusement les dons apportés par Sonntag,
et, dit-il, leur fait promettre d'amener des attelages nouveaux.

En attendant, voici Tcheitchenguak, voici
Kablunet, les auteurs de la vie de madame
Hans, et Angeit, son frère, qui viennent avec
lui apporter le secours de leurs efforts à l'expédition.

Qu'y a-t-il de vrai dans ce récit?...

Cependant les ténèbres du long hivernage
se teintent peu à peu d'un léger reflet blanchâtre. Le soleil se rapproche du Pôle Nord.
D'après les calculs de M. Hayes, l'astre du
jour, tant désiré, doit faire son apparition le
18 février.

Que le temps semble long à l'attendre, et
combien battent tous les cœurs dans les poitrines émues aussitôt qu'un vif rayon de feu,
parti du levant, vient faire clignoter tous les

yeux, mouillés au préalable de doux pleurs d'espérance et d'attendrissement.

— Le voilà! le voilà! s'écrie-t-on de tous les points culminants de la côte, où se sont hissés tous les hommes du bord.

En effet, après une éclipse de cent vingt-six jours, le soleil, le bon soleil de Dieu, va rendre la vie à toute cette partie du monde engourdie, affaissée dans d'épouvantables et sinistres ténèbres.

Hans a dit vrai. Surviennent trois Esqui-maux, en deux traîneaux, dont les attelages de l'un sont pleins de feu, de santé, de bonnes dispositions, et ceux de l'autre paraissent chétifs et malingres. Ils arrivent de loin, en une seule traite, et cependant les premiers paraissent à peine fatigués.

Kalutunah, Tattarat et Myouk sont les noms des trois personnages. Peaux jaunes, nez écra-sés, joues pendantes, yeux petits et noyés dans un orbite que laisse à peine entrevoir une fente très-serrée, cheveux noirs et lui-sants, de barbe peu ou prou, tels sont ces Esquimaux. Mais Kalutunah est propre, presque distingué. Les deux autres sont sales et grossiers. Le dernier est encore plus paresseux que la brune Merkut, et ce n'est pas peu dire !

Quel formidable appétit, du reste. On le comprend, ils viennent de loin, et nul restaurant sur leur longue route. Impossible de donner entière satisfaction à leur estomac, nonobstant de pleines coupes d'huile de morse qu'ils s'administrent largement pour faciliter l'œuvre de la mastication.

On leur achète leurs chiens, et ces Esquimaux s'en retournent vers leur tribu, heureux d'emporter du fer, des couteaux, des aiguilles.

Mais quelques jours après, revient Kalutunah avec sa femme, avec quatre enfants, avec six nouveaux chiens. Ensemble, ils se mettent à la disposition de l'équipage des *Etats-Unis*.

On accepte sa proposition; on lui prépare une hutte de glace; et toute la famille Kalutunah s'y installe. Ce sont de bonnes gens, bien dévoués, bien travailleurs, une excellente acquisition pour nos explorateurs.

Mais, jugez ici du caractère esquimau! le sale et paresseux Myouk a suivi de près, avec tous les siens également, c'est-à-dire une inerte et obèse Esquimaude et un poupon dégoûtant, le bon Kalutunah, et, sans que celui-ci le repousse, nonobstant la gêne et l'étroitesse d'une hutte en commun, sans que M. Hayes le congédie, le voilà qui s'introduit audacieusement, avec sa lourde moitié, près de ses frères de la tribu, et se met à y vivre grassement et lâchement aux dépens des voyageurs...

Grâce à Kalutunah, on sait enfin ce qu'est devenu Peter. Il a été trouvé, par un Esquimau, près de Peteravik, mais à l'état de momie. Ce qui a permis de le reconnaître, c'est que son cadavre portait des vêtements d'homme blanc.

Mais cela ne dit pas pourquoi Peter s'est enfui...

La goëlette compte bientôt six Esquimaux,

quatre Esquimaudes, sept petits Esquimaux et dix-sept chiens.

Il est alors question d'aller chercher la dépouille mortelle de M. Sonntag. Ce n'est pas sans peine qu'on le trouve sous les amoncellements de glaces qui se sont produits. Il est ramené dans la grande pièce où il aimait à se livrer au travail. On enveloppe son cercueil du drapeau de la patrie, et, une fois descendu dans le lieu de son dernier séjour, on grave cette inscription sur son tombeau :

A. SONNTAG, MORT EN DÉCEMBRE 1860.
A L'AGE DE 28 ANS!

Quelques jours à peine se sont écoulés, et la mort pénètre dans la hutte de glace de Tchcitchenguak, le beau-père de Hans. Sa vieille compagne Kablunet, aussi ardente au travail que sa fille Merkut est paresseuse et indolente, est enlevée par une pneumonie.

Une heure après, Hans cousait le corps de l'infortunée dans une peau de phoque et l'emportait, encore chaud, dans un vallon du voisinage, où il le déposait dans le pli d'un rocher, en le couvrant d'une quantité de pierres. Après quoi Merkut, la fille de la défunte, versa des larmes, en tournant autour du tombeau de sa mère, et en déclamant des phrases qui sans doute faisaient l'éloge de la pauvre vieille. Bref, la cérémonie était close par le dépôt, sur les pierres du sépulcre, d'un couteau, d'aiguilles et de fil de phoque.

Le 3 avril est venu.

Trois traîneaux vont emmener les principaux personnages de l'expédition américaine. Fait partie du voyage un bateau en fer, destiné à tenter une traversée sur la mer du Pôle. Son mât est surmonté d'un pavillon qui a déjà flotté dans ces régions arctiques.

Impossible d'analyser les souffrances que bravent alors les intrépides explorateurs. Elles sont telles que les plus résolus s'affaissent et ne veulent plus lutter. L'un d'eux semble même satisfait de mourir, et dit avec indifférence :

— Voilà que je gèle !

Et, en effet, sa chair prend la nuance du

blanc graisseux de la chandelle. Il faut lui faire violence pour le contraindre à sortir de sa torpeur et à rappeler la vie par le mouvement.

On est enfin dans le détroit de Smith, mais en traîneau, et non par la goëlette. Après une nuit assez calme, rugit une tempête effroyable. Ce qu'il faut d'énergie, de volonté, de résolution, pour triompher des difficultés d'une traversée sur des traîneaux dont les chiens, plus encore que les conducteurs et les hommes, sont épuisés par des courses folles en zigzags, est inimaginable.

Le 24 avril, à peine si l'on s'est avancé de cinquante à cinquante-cinq kilomètres.

Pourtant, au nord, la Terre de Grinnell a l'air de faire des signes d'encouragement et des avances de bonne amitié.

Nonobstant ce, à raison des obstacles imprévus et s'accumulant sans fin, la caravane se sépare en deux.

Les uns retournent pour préparer la goëlette, au cas d'une débâcle.

Les autres, le commandant en tête, tous

tristes de leurs tristes adieux, s'avancent toujours vers le nord.

Des traîneaux brisés par les glaces, des
chiens estropiés par la fatigue, des étapes qui
font parcourir sept et huit kilomètres à travers des amoncellements indescriptibles de
glaçons énormes, et qui ne vous avancent que
de trois, tel est l'emploi des journées, tel est
l'emploi du temps.

Par bonne fortune, le 29 avril on trouve
une caverne et on en fait un lieu de repos.

Le 30, on y soigne les chiens, car que de-
viendrait-on sans eux? On leur donne des aliments à foison, et cependant, si l'on n'y veil-
lait, ces pauvres animaux, affamés toujours,
dévoreraient jusqu'à leurs harnais.

Pendant plusieurs jours, une nouvelle et
plus violente tempête retient les explorateurs
dans leur caverne. La faim fait pousser d'affreux hurlements aux chiens. Ils ont déchiré
un traîneau et mangé toutes ses courroies.

Bien des douleurs à endurer, le 5 de mai.
Jensen est souffrant, plus que souffrant, il a
une jambe bien malade. Knorr ne se soutient

que par la volonté la plus énergique. Mac Donald n'en peut mais. Quant aux malheureux chiens, ils détruisent et absorbent tout ce qu'ils trouvent, jusqu'à des sacs de tabac.

Enfin, le 11, on campe sur la terre ferme.

Cent trente et un jours à parcourir ainsi ce détroit de Smith !

Le bateau en fer a dû être abandonné.

Et puis, il le fallait, la caravane s'est partagée encore une fois en deux parts, l'une allant en avant, l'autre stationnant et reculant peu à peu.

Après un bon repas donné aux attelages, sur le cap Harrow, les voyageurs gravissent la côte. Les hommes qui restent, même le commandant, s'attachent aux traîneaux.

Nulle imagination humaine, sans les avoir vus, ne peut se figurer les entassements de glaces qui occupent les attaches du cap Napoléon. Il est indispensable, pour avancer et monter, de creuser à la hache le passage dans les glaçons. Mais tout labeur a sa récompense, et bientôt les explorateurs peuvent atteindre les glaces de terre, et les chiens y courent comme en rase campagne. Aussi, en peu d'heures, arrive-t-on au cap Frazer, où l'on construit une hutte de glace pour s'abriter.

Découverte d'un camp esquimau abandonné, d'une part.

De l'autre, plus de glaces nouvelles à franchir. Vers le Pôle, le canal semble offrir peu de difficultés. L'air est assez calme, et les perspectives les plus étendues se déroulent vers le levant.

On fait une nouvelle étape. Malheureusement la glace de terre devient presque aussi pénible à franchir que la glace de mer.

Jensen, à sa blessure de jambe, ajoute une chute qui complique étrangement sa position. Aussi le commandant le livre à Mac Donald. et continue, seul avec Knorr, son acheminement vers le Pôle Arctique.

Cinq chiens sont laissés à Jensen, avec des provisions, et, après cinq jours de repos, son compagnon et lui devront rebrousser chemin vers le port Foulke.

Pour M. Hayes, il s'agit toujours d'avancer vers le nord, pour atteindre le Pôle.

Un jour, après dix heures de marche, et après quatre heures, le lendemain, les deux intrépides investigateurs atteignent la pointe méridionale d'une anse, d'un golfe plutôt, si étendu, qu'il leur paraît plus simple de le traverser par sa ligne diagonale, que d'en longer les contours sinueux. Mais point. Impossible d'aller plus loin, car le champ de glace se termine presqu'à l'entrée du golfe, et la glace n'offre plus de solidité. Le traîneau atteint une glace nouvelle sans consistance : ce que devine immédiatement l'instinct des chiens, car ils se refusent à avancer davantage.

Alors le commandant ne voulant pas faire le tour du golfe, qui semble avoir un parcours de trente à quarante kilomètres, l'état de ses provisions ne lui permettant pas ce voyage, se décide à gravir une colline, dont il escalade en effet les pentes abruptes. Là, sur le plateau, se trouve un massif de roches qu'il scande de même, et du haut duquel il domine l'océan Glacial de 250 mètres.

Les glaces lui présentent les mêmes aspects qu'à l'entrée de la baie, en plongeant

son regard vers le point polaire, et dans tout
l'horizon circulaire qui l'entoure et qu'il con-
temple. Mais, au milieu du golfe, s'ouvre
béante une vaste fissure s'acheminant vers la
mer, du côté de l'orient. Cette fissure triangu-
laire, dont la plus grande pointe s'élance vers
le Pôle, est radiée d'autres crevasses de moindre dimension. C'est comme un fleuve grandiose, avec affluents, qui va se perdre dans
l'océan Polaire, et qui laisse échapper un reflet lumineux sous le sombre firmament recouvrant toute la partie septentrionale de cette
incommensurable et sinistre solitude.

Au loin, sur les brumes grises de la perspective, s'estompe la silhouette blanchâtre d'un
promontoire sourcilleux.

A n'en plus douter, c'est le point le plus
septentrional du globe, c'est le pivot du nord,
c'est le Pôle Arctique.

Entre ce promontoire aux blancs reflets et
la colline devenue l'observatoire de M. Hayes,
se dresse comme un autre pic.

Et, plus près encore, une montagne altière
se dresse avec majesté et porte jusqu'au ciel

sa cime ceinte d'un bandeau de neiges éternelles.

Nulle autre terre visible, sur aucun autre
point.

Au-dessous de la colline, la mer étend son
immense et large nappe, diaprée de blanc,
de gris, c'est-à-dire de parties de neiges et de
glaces fondues.

Ces nuances diverses se multiplient dans
les profondeurs de l'horizon, et paraissent plus
foncées. Aux dernières limites de la perspective elles se confondent avec la bande du firmament qui reflète leurs eaux.

Ainsi, le commandant de la goëlette *les
Etats-Unis* est arrivé aux rivages du bassin
polaire Arctique.

L'océan Glacial du nord est là qui dort à la
base de la colline au sommet de laquelle il
fait ses observations.

Il est impossible de gagner un point plus
rapproché du Pôle. Les glaces peu consistan-
tes s'y opposent, et des laquets s'ouvrent en
mille endroits de leur surface, laissant voir
les eaux sombres du sombre abîme.

Et puis voici des guilleminots qui voltigent par bandes nombreuses et s'abattent sur les eaux du gouffre.

Enfin, des mouettes passent également au-dessus des glaces, cherchant des eaux libres, c'est-à-dire sans glaçons, et capables de leur fournir leurs aliments. C'est là qu'elles fixent leur séjour. Or, dans ces lieux reculés que fréquentent ces palmipèdes, après les premiers jours de juin plus de glaces!

Le but de l'expédition est donc atteint.

Il ne reste plus aux deux vaillants champions qu'à songer à retourner en arrière, pour rejoindre leurs compagnons, leur porter la bonne nouvelle, et retrouver la goëlette, qui attend au port Foulke.

Mais, avant de s'éloigner, en témoignage de leur découverte, deux pavillons aux couleurs de' Etats-Unis sont hissés sur un cairn, ou amas de pierre que dressent au sommet du rocher les deux voyageurs. Enfin, sous le cairn, M. Hayes dépose un flacon renfermant un papier, écrit et signé de sa main, lequel certifie à tous que ce point culminant, le plus septentrional que jusque-là on ait pu atteindre, a été visité, étudié et signalé par lui, J. Hayes, et par F. Knorr, les 18 et 19 mai 1861, après un pénible voyage en traîneau attelé de chiens.

Alors les deux hardis et braves explorateurs retournent sur leurs pas, et, le 5 juin, rentrent au port Foulke, qu'ils avaient quitté le 5 avril, après avoir parcouru deux mille quatre cents kilomètres au milieu des glaces et des périls inexprimables.

La goëlette *les Etats-Unis* est en aussi bon état que possible, et les attend pour prendre la direction de l'Amérique.

Jensen est guéri. On rapatrie les Esquimaux après les avoir récompensés selon leurs mérites.

Bref, le retour à Boston se fait sans difficulté, et le monde savant sait à quoi s'en tenir désormais sur ce qui touche au point précis qu'occupe le Pôle Arctique.

LES DÉCOUVERTES
DES TERRES-POLAIRES

Aventure sinistre du *Cosspatrick* et de ses quatre cents passagers, en destination de la Nouvelle-Zélande et de l'Australie, 17 novembre 1874.

La Sixième Partie du Monde se compose des Terres-Polaires, c'est-à-dire des continents assez mal définis encore dont le gisement se trouve sous le Pôle-Boréal, ainsi que nous l'avons dit dans ce volume, au Voyage de M. Hayes et sous le Pôle-Austral, tels que les signalent les découvertes de notre illustre marin Dumont-d'Urville.

Aussi, à ces Terres-Polaires a-t-on donné la dénomination de Terres-Boréales, celles dont les recherches sont dues aux navigateurs anglais, sous le Pôle-Arctique, et Terres-Australes, celles que Dumont-d'Urville et d'autres marins français, sous le Pôle Antarctique, ont rencontrées, étudiées et appelées Terre d'Adélie, Terre de Louis-Philippe, etc.

Donner de longs détails sur les voyages entrepris dans l'océan Glacial-Antarctique ou Austral, serait reproduire les scènes que nous avons décrites à l'occasion de l'expédition au Pôle Nord de M. Hayes.

Cet océan Austral que l'on suppose occuper toute l'étendue de la zone glaciale du Sud, depuis le cercle polaire Antarctique jusqu'au Pôle, est fort peu connu, et les glaces qui le couvrent empêchent les explorateurs d'y pénétrer. Néanmoins, avons-nous dit, Dumont-d'Urville et autres investigateurs y ont trouvé des terres qu'ils ont nommées Adélie, Louis-Philippe Ier, etc.

Mais, à l'occasion de ces Terres-Polaires du Nord et du Sud, sixième partie de l'univers terrestre, nous pouvons faire connaître aux lecteurs certaines particularités qui certainement les intéresseront.

4

Ces jours derniers, — janvier 1875, — Paris a pu entendre traiter ce sujet, — et, pour mon compte j'ai joui de cette faveur, — par M. l'abbé Petitot, missionnaire de la baie d'Hudson, homme très-courageux, qui a passé douze ans de sa vie dans les neiges et les glaces des Terres-Polaires, au milieu des sauvages, des rennes et des ours. L'abbé Petitot appartient aux Oblats de Marie.

Les Oblats de Marie sont des missionnaires qui, allant prêcher la foi catholique dans les contrées les plus reculées, forment une communauté qui centralise les ressources. Comme on le pense bien, il n'y a pas de casuel aux Pôles, et ce sont les aumônes recueillies à Paris qui alimentent le budget des missions.

M. l'abbé Petitot appartient au vicariat de Mackensie. Cette mission se compose d'un évêque, monseigneur Faraud, d'un évêque auxiliaire, monseigneur Clut, de quinze prêtres et de douze frères lais. Ces missionnaires sont Français, mais ils parlent anglais, afin d'avoir des rapports plus faciles avec les autorités du pays.

Quant aux sauvages, ils savent presque tous quelques mots de français et ont pour la France une grande sympathie. Comme tout chacun sait, le Canada, contrée voisine de la leur, conserve la langue et les mœurs françaises.

Notre héros a reçu le poste du fort de Good-Hope, c'est-à-dire de Bonne-Espérance, le point le plus rapproché du Pôle septentrional. Il s'y est construit, lui-même, une petite église en bois et une maison. Quelques bâtiments aussi modestes entourent l'église. Là, deux fois par an, en juin et en septembre, les sauvages arrivent au fort, qui n'est nullement fortifié; et comme à ce moment la circulation est relativement facile, chaque sauvage se présente, qui sur un radeau, qui sur un canot d'écorce, qui sur un traîneau attelé de chiens. Il amène sa famille et tout ce qu'il possède. Alors il dresse sa tente aux alentours de l'église. Aussitôt il fait échange des fourrures qu'il apporte contre des objets travaillés, de fer ou de bois, des vêtements européens, du tabac, etc., puis il reste quelque temps à écouter les prédications. Le prêtre n'enseigne pas seulement la religion, il se fait aussi l'apôtre du progrès scientifique et industriel. Il démontre l'usage des outils, la façon de faire la cuisine, les prescriptions de l'hygiène, etc. Le sauvage s'en retourne ensuite vers le Pôle et se promet d'y être plus heureux.

M. l'abbé Petitot ne borne pas là son œuvre. Il donne au sauvage du papier, de l'encre, des plumes, etc., et lui apprend la manière de se servir du tout.

Ceci est tellement inouï que je dois l'expliquer.

Les sauvages des environs du Pôle ont une langue bizarre, et des dialectes variés ; or, le bon prêtre parle les trois dialectes *dénédindjiés* et la langue esquimaude. Il a eu la patience d'en faire les dictionnaires, d'abord, puis d'en étudier les règles grammaticales. Chaque dialecte se compose de dix-huit mille mots, à peu près.

C'est ainsi qu'il a reçu, à Paris, des lettres apportées par des sauvages au fort de Bonne-Espérance, dans le courant de septembre, et il y a répondu. Quand le destinataire de la lettre viendra, au mois de mai prochain, apporter ses fourrures au fort, il la trouvera et y répondra à son tour. Ce n'est pas aussi rapide que le télégraphe, mais c'est véritablement aussi ingénieux.

En ce moment, l'abbé Petitot fait imprimer, à Paris, ses dictionnaires, afin de pouvoir universaliser l'instruction sur les bords de la baie d'Hudson. Les mots trouvés chez les sauvages, le missionnaire a cherché le moyen de les écrire. Or, les caractères phéniciens lui ont paru les plus propres à l'interprétation de ces langues. Il les a adoptés, et a appris à lire et à écrire à tous ceux de ces sauvages qui se sont faits chrétiens.

L'administration anglaise du Haut-Canada, dirigée par un très-digne homme, M. Graham, est fort paternelle. Les sauvages jouissent de la liberté la plus absolue. Ils prennent seulement l'engagement de se rendre toujours au même fort, pour y apporter leurs fourrures et pour les y échanger contre des produits européens. On les sait orgueilleux et honnêtes, aussi leur fait-on des avances, en nature. Il n'y a pas d'exemple qu'un sauvage ait manqué d'apporter, l'année suivante, les fourrures dont il a touché le prix en marchandises.

D'argent, il n'est point question dans ce pays fantastique. L'échange n'a d'autre base que la bonne foi des parties contractantes. Du reste, les agents des échanges sont d'une scrupuleuse honnêteté et les sauvages le reconnaissent.

Les missionnaires ne reçoivent rien de leurs néophytes.

— Puisque c'est Dieu qui t'envoie, disent ces hommes primitifs, c'est lui qui doit te payer...

Les bons prêtres sont de cet avis.

— Oui, répondent-ils aux sauvages, mais puisque tu reconnais que c'est Dieu qui nous envoie, tu dois lui obéir, n'avoir qu'une femme, et ne jamais tuer ton semblable...

C'est sur ces bases que l'instruction religieuse et morale s'est fondée et a donné d'excellents résultats.

Il y a quatorze ans, les Déné-dindjiés

tuaient facilement leurs frères et les mangeaient volontiers, quand ils étaient tendres. Les infanticides étaient innombrables : dès qu'un enfant embarrassait quelque peu, on l'égorgeait. Aujourd'hui les liens de famille, les idées d'amitié existent. Il n'a pas fallu plus de temps aux missionnaires pour accomplir cette réforme.

— Ces gens-là, disent les sauvages, font de belles huttes, ils travaillent le bois, ils savent soigner les maladies et cuire la viande : ils sont donc nos supérieurs en toutes choses. Ils ne nous prennent rien et nous traitent en amis. Il faut les écouter! Dieu est le maître du soleil, et c'est Dieu qui les inspire. Faisons ce qu'ils nous disent...

Telle est la théorie des sauvages de l'Hudson. Les missionnaires ingénieux, adroits et dévoués, n'ont pas beaucoup de peine à les convertir au christianisme. Seulement, il faut vivre là-bas, et ce n'est pas chose très-commode pour des Européens.

Un seul détail à faire dresser les cheveux sur la tête! Le pain y est inconnu... Pendant ses douze ans de mission, M. l'abbé Petitot n'en a pas mangé un gramme. Homme du monde, préparé par son éducation à vivre en gentleman, il s'est résigné à mordre exclusivement dans des morceaux de venaison, grillés ou rôtis...

Tout n'est pas rose, dans la vie! Et tout n'est pas agrément dans les voyages, hélas!

On part, et on se sent aussitôt en extase en présence des magnificences du firmament, du rivage et des côtes. On admire, au lever du jour, le ciel emplissant tour à tour de ténèbres et de lueurs les vallées profondes, les sauvages ondulations des forêts, les osseuses charpentes des montagnes plongeant leur base jusque dans la mer et faisant valoir vigoureusement le bleu dur et poli des flots, et leurs bouquets d'îles rocheuses émergeant de nappes tantôt sombres comme du lapis en fusion, tantôt étincelantes comme de la poussière de diamant.

On part, dis-je, la joie au cœur, l'éblouissement dans les yeux... On va, on vient sur le pont; on examine le jeu des agrès; on s'intéresse à tout... On part, mais, hélas! sait-on quand on reviendra? Sait-on même si l'on arrivera?

Et combien qui n'arrivent pas? Combien qui sombrent chemin faisant? En effet, l'élément perfide, les eaux de la mer et des océans, à qui on livre tout un monde de matelots et la fortune que renferme un navire, ne sont-ils pas les plus dangereux ennemis de la vie des hommes et du salut des flottes? N'a-t-on pas à craindre sans relâche le vent qui fait rage, les rafales qui sifflent et qui grondent, les vagues qui bondissent en montagnes et se creusent en abîmes, les nappes d'eau fouettées, tordues, déchirées par les tempêtes?...

Ne se fait-il pas souvent des voies d'eau dans la coque du bâtiment, et, alors, la cale d'abord, l'entrepont ensuite, et puis les cabines, peu à peu, sont envahis par l'élément liquide, qui s'infiltre en bouillonnant, qui monte, monte encore, monte toujours avec un sinistre et indomptable murmure, qui, enfin, emplit tout les espaces vides de la nef de son inondation incessante, frémissante, et, l'engloutissant, la fait couler dans les profondeurs insondables de l'Océan ténébreux?

Les passagers et l'équipage ne se trouvent-ils pas abandonnés par les brises au fléau d'un calme plat qui ne permet ni d'avancer ni de reculer, mais qui les cloue sous les rayons de feu d'un soleil implacable et dans les remous d'une mer d'huile sans vie, sans issue, sans espoir!

N'arrive-t-il pas que, de jour ou de nuit, mais de nuit surtout, et alors l'obscurité rend le drame plus terrible et plus épouvantable, n'arrive-t-il pas que le navire est abordé soudain par un autre navire, perforé, fracassé, coupé en deux, lacéré, détruit, livré par parties, qui se détachent en frémissant, à la fureur des lames, et enfoui à toujours, corps et biens, en des gouffres qui jamais ne rendent leur proie?

Et l'incendie! Que pourrais-je dire de l'incendie d'un paquebot, d'un steamer, d'un vapeur quelconque, cutter, aviso, goëlette, ou tout autre bâtiment, en pleine mer, au milieu des eaux, il est vrai, mais alors que dans ce vaisseau tout est bois et présente un aliment des plus favorables à la cruelle avidité des flammes?

Dieu nous préserve, si jamais nous voyageons, des tempêtes, des voies d'eau, des calmes plats, des abordages, etc. Mais qu'il nous préserve plus encore de l'incendie! L'eau et ses envahissements sont l'un des plus formidables sinistres : mais être brûlé vif et ne pouvoir échapper à la redoutable morsure du feu, c'est un bien autre supplice encore!

Qu'il est beau de voir un grand navire s'élancer avec orgueil des bassins du port et prendre son élan pour aller braver les flots et traverser les mers, en accomplissant un voyage de 1,500, 3,000, 4,000 lieues, comme pour mettre en communication les extrémités du monde les plus reculées!

Tel était le spectacle qui était donné à l'un des ports de la vieille Angleterre, au mois de novembre dernier, 1874!

Le Cosspatrick s'éloignait de la mère-patrie,

emportant dans ses vastes flancs et campés dans l'entrepont :

Quatre-vingts pères de famille;

Quatre-vingts femmes d'un âge mûr;

Cent dix-neuf enfants, dont seize encore à la mamelle;

Quatre-vingt-dix-sept adolescents;

Et quarante-cinq filles.

Tous allaient chercher aux antipodes de notre hémisphère, c'est-à-dire dans la Nouvelle-Zélande et l'Australie, un autre sol plus généreux que celui de la blanche Albion.

Oui, désespérant de trouver sur la terre qui les avait vus naître un salaire suffisamment rémunérateur, ces quatre cent vingt et un pionniers du travail avaient accepté les offres séduisantes du gouvernement anglais dans ces deux Etats. Au lieu de chercher à arracher aux lords la propriété de la terre arrosée par leurs sueurs, ils se rendaient dans des contrées lointaines, mais fertiles, où un sol vierge leur offrait ses sourires et ses trésors.

La navigation des premiers jours fut heureuse. Les passagers, joyeux de gagner désor-

mais plus facilement l'existence de leur famille, si pénible jusque-là, tout en contem-
plant tour à tour les grands effets d'ombre et
de lumière dont l'océan Atlantique leur pré-
sentait le tableau grandiose, les levers et les
couchers de soleil sur les flots, les aspects su-
blimes du firmament constellé des feux céles-
tes pendant les nuits, et enfin les manœuvres
de l'équipage, devisaient sur le pont, et se
faisaient mutuellement part de leurs projets.

Le Cosspatrick approchait du groupe des
îles Madère, dont on voyait au loin se dessiner
en gris les étranges dentelures sur le ciel
bleu. On se trouvait dans le voisinage des rochers déserts connus des navigateurs sous le
nom de Tristan d'Acunha.

C'était le 17 novembre. On était au milieu
du jour, et l'Océan rutilait sous les flèches
d'or que le brûlant soleil du midi faisait ruis-
seler sur les vagues.

Les travailleurs, appuyés sur les bastingages du navire, se livraient au plaisir de
voir s'ébattre les marsouins à la surface des
eaux. C'est chose curieuse, en effet, que les

jeux de ces mammifères, de la famille des dau-
phins, et que l'on surnomme cochons de mer.
On les voit venir de l'ouest, se dirigeant vers
l'est, et formant un banc de trois à quatre
kilomètres de longueur. Ces joyeux cétacés
sont rangés en ligne droite, semblables à un
bataillon d'infanterie marchant par le flanc.
Ils émergent ici et là dans un mouvement de
rotation, particulier à la nage du marsouin,
par groupes de quatre à cinq, ce qui donne à
toute la colonne l'aspect de barils attachés à
une cinquantaine de mètres les uns des autres, et pointillant la mer d'une ligne noire.
Tout chacun, parmi les novices des choses
de l'Océan, de rire en face des évolutions de
ces habitants des eaux.

Mais, tout-à-coup, les rires de la foule sont
couverts par un cri formidable s'échappant
par tous les sabords et toutes les écoutilles.

— Au feu!... au feu!...

En même temps s'élancent de toutes les ouvertures du navire de nombreux matelots appelant à eux le capitaine, son second, les officiers du bord, et répétant en chœur, d'une

voix étranglée par l'épouvante, cette sinistre exclamation :

— Au feu!... au feu!...

A cette horrible clameur, tous les passagers, hommes, femmes et enfants, de se livrer au désespoir. Vainement on leur dit que le danger peut être conjuré... Les larmes coulent de tous les yeux. Les jeunes filles surtout se jettent dans les bras de leurs mères, de leurs pères, invoquent le Seigneur et le conjurent de veiller à leur salut.

En même temps, les hommes, robustes travailleurs, se précipitent et disparaissent dans l'entrepont, espérant et allant s'assurer que déjà on a commencé à éteindre l'incendie. Ils vont et viennent, offrant leurs bras et leur courage, afin d'arrêter et de comprimer l'essor du feu, car de toutes les calamités dont on puisse être frappé sur un bâtiment, en pleine mer, il n'y en a pas de plus épouvantable qu'un incendie.

Hélas! l'incertitude n'est pas possible. Voici qu'une épaisse fumée s'échappe des écoutilles et des sabords : évidemment le feu continue

son œuvre de destruction. En outre, comme
pour enlever le moindre doute, une explosion
subite se fait entendre dans les flancs caver-
neux du paquebot. L'effroi se peint sur toutes
les physionomies, car la coque du navire est
ébranlée; il semble qu'elle se disloque; d'affreux craquements se font entendre; le pont
s'agite sous les pieds : on dirait que déjà le
bâtiment s'enfonce peu à peu sous les eaux de
l'Océan.

Ce sont des barriques renfermant des
alcools qui, gagnées par le feu, éclatent soudain, et répandant au-dehors leur liquide qui
s'enflamme, communiquent à l'incendie, dans
la cale où il était concentré, une nouvelle ac-
tivité et une violence telle que toutes les autres parties du vaisseau prennent feu et cré-
pitent sous les morsures des flammes.

Cependant les passagers anglais, écossais,
irlandais, tous les travailleurs du bord, les
matelots et les officiers s'empressent de réunir
leurs efforts pour entraver la marche du sinistre. On apporte sur le pont tous les seaux em-
magasinés dans les cambuses : on monte les

pompes enfouies dans leurs étuis. On les met en jeu aussitôt, et les voilà qui répandent à profusion des flots d'eau de mer, au point d'inonder l'entrepont, les cabines, la cale, etc. L'eau ruisselle par toutes les ouvertures, mais elle ne produit pas sur l'action du feu l'effet qu'on en attend : elle le déplace, et l'incendie devient de minute en minute plus vif et plus menaçant, comme pour se jouer des tentatives acharnées qu'on lui oppose.

Tous les gens de l'équipage sont disposés en grappes vivantes sur les agrès, le pont et les bastingages : mais nul n'ose plus pénétrer dans les profondeurs du vaisseau, qui se change en fournaise. Les flammes et la fumée ne le permettent plus. Par bonheur encore, dans ce moment suprême, les marins ne s'abandonnent pas absolument au découragement, tant qu'il leur reste une chance de salut, et leur exemple soutient quelque peu le moral et rend quelque espoir aux passagers, à leurs femmes, à leurs filles et même aux enfants.

Tout-à-coup les pompes s'arrêtent et cessent

de fonctionner : leurs tuyaux s'engorgent et s'affaissent; l'eau ne coule plus. Et puis voici qu'un épais nuage de fumée noire enveloppe tout l'arrière du *Cosspatrick* et s'élève avec lenteur, en planant au-dessus du théâtre du désolant sinistre. Il fait si peu d'air, et l'atmosphère devient tellement brûlante, que la sombre colonne qui se dégage à l'entour du mât d'artimon le rend complètement invisible. Toutefois les flammes ne se montrent pas encore au-dehors : mais un bruit sourd, accompagné de craquements formidables, qui éclatent par intervalles, dit assez, dit beaucoup trop que l'incendie gagne et qu'il fera bientôt sa cruelle apparition, dans toute sa hideuse et fulgurante splendeur. Aussi, chez les pauvres femmes, chez les pauvres enfants, quelles angoisses, quelle inexprimable épouvante, quel deuil, quelle douleur, quel désespoir!

Les bras des travailleurs ne sont plus occupés : aucun d'eux ne cherche plus à entraver la marche, les progrès toujours croissants de l'incendie. On en est venu à ce point de détresse, que l'unique moyen de salut qu'il soit possible d'aviser est de se soustraire au fléau par la fuite.

Une immense clameur retentit sur le pont :

— Les embarcations à la mer !

Le Cosspatrick possède plusieurs embarcations. On les descend en hâte de leurs palans, et chacun des passagers s'occupe déjà de profiter de ces chaloupes pour s'arracher à la mort.

Mais quel désordre ! Et, dans ce désordre, comment réussir à trouver place, lorsque le moindre mouvement gêne et compromet les manœuvres. D'ailleurs la chaleur du foyer en combustion devient intolérable, et on est asphyxié par l'horrible fumée qui jaillit en torrent de toutes les fissures du bâtiment.

Impossible d'organiser le sauvetage : tout concourt à favoriser le développement du sinistre. Voici les mâts, rongés par les feux inférieurs, qui s'agitent sur leurs bases, s'inclinent et s'effondrent, entraînant avec eux la chute des agrès, haubans, etc. C'est un tohu-bohu inextricable. Enfouis sous les cordages et les débris, nombre de femmes, de jeunes filles, d'hommes et d'enfants sont cruellement blessés. Mais que sont les blessures, en présence de l'affreux trépas qui menace, et qui semble désormais inévitable? Toute manœuvre, tout mouvement pour le salut commun deviennent impossibles...

Tout-à-coup un jet de flammes se dégage des colonnes de fumée qui s'échappent de toutes parts. Il est suivi d'un autre plus rouge et plus intense. Un troisième jaillit avec fureur et fait rage. D'autres encore se produisent successivement, jusqu'à ce qu'une large et incommensurable nappe lumineuse s'élève de tout le navire, l'entoure de flammes crépitantes, et s'élance vers le ciel d'une manière continue, terrible, épouvantable.

Le jour est obscurci, et le soleil s'éclipse, ne se montrant plus que comme un bouclier de bronze, rougi au feu d'une fournaise, derrière des nuages amoncelés de fumée rousse et noire.

Un cri de désespoir suprême s'échappe de toutes les poitrines : il n'y a plus d'espérance! Aussi on prie, on pleure, on se lamente, on offre à Dieu la dernière des invocations. Non, pas un être ne pourra s'échapper, vivant, de l'incandescent brasier qui monte comme une marée de feu : des cratères s'ouvrent dans le parquet du pont sous les pieds des infortunées victimes, que les flammes entourent, enveloppent et commencent à dévorer, car une indicible odeur de chair brûlée se répand et infecte l'air. Déjà les pauvres animaux, attachés aux bordages et destinés à l'alimentation des gens du navire, ont succombé, en poussant d'horribles mugissements d'épouvante. Les scènes qui se passent sont indescriptibles...

Il ne reste plus qu'à mourir! car le feu s'est emparé de tout l'édifice flottant. Il ronge les agrès et toute cette énorme quantité de cordages goudronnés, de vergues, de débris de mâts et d'enfléchures, qui deviennent un aliment actif de sa fureur.

Qui pourrait peindre cet affreux spectacle?

A la lueur sinistre qui rayonne autour de toutes ces misérables créatures saisies vivan-

tes par un implacable fléau, hommes, femmes, filles, enfants, mousses, matelots et officiers, tous se lamentant, tous pleurant, gémis-
sant, se faisant les plus tendres adieux, et
dont les silhouettes se détachent en noir sur
un fond rutilant de feux de volcans, on croirait assister au finale de quelque infernale
tragédie. Cette vive lumière de flammes dé-
vorantes, dont chaque minute accroît l'inten-
sité, permet de saisir les moindres détails de
cet abominable tableau.

Que votre imagination, lecteurs, comme la
mienne, se représente, si possible, la terreur
atone des yeux égarés des suppliciés, de ces
pauvres et dolents patients! Qu'elle voie l'é-
cume sanglante de leurs bouches convulsives;
les effroyables contorsions d'un désespoir sans
nom; les horribles rictus de visages affolés
poussant d'inexprimables clameurs, pendant
que certaines voix d'infortunés, en proie aux
plus cruelles douleurs, poussent des éclats de
rire stridents, — c'est là le phénomène de la
démence, — rires qui rappellent les rugisse-
ments des chacals et des hyènes...

J'ai dit, et je vous laisse ruminer les épouvantes de ce drame d'un réalisme saisissant, drame qui se passait au milieu de l'océan Atlantique, le 17 novembre dernier, en 1874 !...

Les télégrammes qui nous sont venus de Madère sont loin de diminuer le sentiment d'horreur excité par la nouvelle de l'incendie du *Cosspatrick*.

Le sinistre, paraît-il, éclata avec tant de fureur, que deux canots seulement purent être lancés à la mer.

De ces deux canots, un seul fut recueilli par le *British-Sceptre*, passant par miracle dans des parages que les vaisseaux anglais ne fréquentent plus, depuis l'ouverture du canal de Suez.

Qu'est devenu l'autre canot? Celui-là portait cinq passagers...

Voici quelques nouveaux renseignements qui nous viennent de Londres :

Trois marins ont survécu au cruel désastre du *Cosspatrick*, le second et deux matelots.

Ce sont eux qui ont été recueillis par le *British-Sceptre*, de Liverpool.

Quand leur canot a pu aborder le *British-Sceptre*, les trois malheureux étaient depuis dix jours à la merci des flots, sans vivres et sans eau. L'embarcation qu'ils montaient contenait tout d'abord trente passagers et matelots. Tous sont morts, à l'exception de quatre, qui ont vécu de la chair de leurs compagnons qui avaient succombé. Un des quatre est mort fou à bord du *British-Sceptre*.

Le second canot, qui avait pu être mis à la mer, contenait le premier officier, cinq matelots et vingt-cinq passagers. Un coup de vent ayant séparé ce canot de l'autre chaloupe, on ignore ce que peuvent être devenus les personnes qui le montaient.

Le seul espoir qui reste est qu'elles aient atteint l'île de Tristan d'Acunha : mais rien ne confirme cette supposition.

La plupart des émigrants étaient des cultivateurs originaires de toutes les parties de la Grande-Bretagne.

Mais nous avons, nous Français, à déplorer,

dans ce sinistre, la mort de cinq de nos compatriotes, et d'un Suisse.

Toutefois, il est consolant de remarquer que les catastrophes du genre de celle du *Cosspatrick* sont relativement rares. Depuis que le gouvernement de la Nouvelle-Zélande a établi une agence en Angleterre, il n'a pas transporté dans cet archipel moins de soixante mille émigrants répartis sur cent vingt-sept bâtiments. Sur ces soixante mille, les deux tiers ont quitté la mère-patrie en 1874, grâce à l'impulsion que la grève agricole a donnée à l'émigration.

Nous sommes certainement confondu de l'horreur de cette sinistre aventure, mais une chose nous intéresse vivement au point de vue de la colonisation, au point de vue de l'exemple donné à la France.

La France, dit-on, n'a jamais su coloniser.

Bon gré mal gré il faut bien que nous constations que trente-six mille travailleurs de nos champs ont pu, sans qu'ils aient un sou à débourser, être transportés aux antipodes, dans notre Nouvelle-Calédonie, en moins d'une année. Or, ce résultat merveilleux a été obtenu aux frais d'une colonie établie depuis trente ans à peine, et dans un pays où le cannibalisme était le régime normal des sauvages qui y régnaient en souverains.

Maintenant, quelques mots sur l'Australie et la Nouvelle-Zélande, destination des émigrants malheureux du navire anglais *le Cosspatrick :*

L'Australie ou Nouvelle-Hollande est un véritable continent. En effet, cette terre australe compte environ mille lieues terrestres de longueur sur une largeur moyenne de quatre cent cinquante. Sa surface peut égaler environ les trois quarts de celle de l'Europe. Sa configuration offre plusieurs traits de ressemblance avec l'Afrique. L'une et l'autre se prolongent en pointe vers leur extrémité; l'une et l'autre sont échancrées dans la partie du sud-est, et leur largeur se dilate beaucoup vers le milieu. Le seul détroit de Bass, dans l'Australie, établit une différence.

L'Australie est séparée de la Nouvelle-

Guinée par le détroit de Torrès, et de la Tasmanie par celui de Bass.

A l'est, un canal de trois à quatre cents lieues de large la sépare de la Nouvelle-Calédonie et de la Nouvelle-Zélande.

Enfin, à l'ouest, l'océan Indien, tout entier, s'étend entre l'Australie et l'Afrique.

Un grand nombre d'îles de diverses grandeurs sont disséminées sur les côtes de la Nouvelle-Hollande, surtout dans la partie septentrionale, où elles forment souvent une barrière continuelle soudée par des brisants, au-devant de la grande terre. Telles sont les îles du Prince de Galles, Groote et Melleville, etc.

Le vaste golfe de Carpentarie, qui n'a pas moins de cent trente lieues de profondeur, sur cent dix de large, échancre considérablement l'Australie vers le nord.

Les autres enfoncements les plus remarquables sont le golfe de Van-Diémen, de Cambridge, d'Exmouth, la baie des Chiens-Marins, les golfes Spencer, Saint-Vincent, etc.

Les côtes de l'Australie offrent une quantité de bons mouillages capables de recevoir et d'abriter de nombreuses flottes, comme Port-Jackson, Botany-Bay, le port Western, le port Philip, le port du Roi-George, et enfin la magnifique baie de Jervis, si spacieuse et si sûre.

Sur une terre aussi vaste, il est facile de comprendre que la nature du climat doit varier, dans ses différentes zones, suivant leur élévation en latitude. Sur toute la bande septentrionale, les chaleurs sont brûlantes. Dans la partie moyenne, le climat se tempère déjà. Enfin, sur toute la bande méridionale, l'année peut se diviser par saisons, étés et hivers, offrant toutes les alternatives ordinaires de froid et de chaud, de pluie et de sécheresse.

Toute l'étendue de la Nouvelle-Galle du Sud est désolée par ces sécheresses, et souvent six ou sept mois s'écoulent sans qu'il tombe une seule goutte d'eau. Alors des incendies immenses, les uns fortuits, les autres provenant du fait des naturels, dévorent toute la végétation et compromettent la vie des troupeaux et la sécurité des habitants. Pendant tout le temps que durent ces incendies, l'atmosphère est chargée de tourbillons d'une fumée suffocante, et le pays garde longtemps un aspect triste et calciné.

D'autres fois ce sont des pluies qui arrivent, et elles tombent avec une impétuosité telle que l'on dirait un vrai déluge. Le lit des rivières s'élargit tout d'un coup. Les eaux débordent et inondent les campagnes voisines, au point d'en former de vastes lacs, du milieu desquels surgissent seulement les cimes des grands arbres.

L'Australie ne présente aucune montagne comparable à celles du premier ordre, en Europe.

Sur la bande de l'est, la chaîne des Montagnes Bleues, qui règne parallèlement à la côte, à une distance de quinze à vingt lieues, s'élève rarement à plus de quatre cents toises au-dessus du niveau de la mer.

Au temps de la découverte de ce continent austral, on n'y trouva aucun quadrupède rappelant l'ancien monde, si ce n'est le chien, ayant de l'analogie avec le renard, quoique

un peu plus grand. Les autres étaient des espèces nouvelles, kanguroos, koalas, petit animal surnommé *le paresseux*, et ayant quelque
ressemblance avec l'ours, opossums, péra-
mèles, etc.

A cette époque, la plage méridionale offrait
des troupes de phoques : mais la poursuite
tend à les faire disparaître.

Les crocodiles abondent dans les canaux de
la partie septentrionale, et atteignent de fort
grandes dimensions.

La tortue verte existe sur plusieurs points.
Les lézards sont d'espèces variées et ont jusqu'à quatre pieds de long. On y trouve aussi
plusieurs sortes de serpents, dont quelques-
uns sont venimeux.

Les oiseaux présentent un grand nombre
d'espèces : casoars, pélicans, cygnes noirs,
aigles, faucons, cacatoës noirs, blancs et gris,
perroquets et perruches aux plumages nuan-
cés de toutes les couleurs, hérons, perdrix,
pigeons, tourterelles, gobe-mouches, lo-
riots, etc.

Les tribus qui peuplent l'Australie appartiennent au type le plus commun et le plus dégradé de la race mélanésienne. S'il est possible d'avancer une hypothèse, ce continent a dû recevoir sa population des terres de la Nouvelle-Guinée, par le détroit de Torrès. Ces sauvages, d'écueil en écueil et d'île en île, seront parvenus sur les plages ingrates de la Nouvelle-Hollande, et là, privés de végétaux nourriciers de la patrie primitive, astreints à la vie de chasseurs nomades, souffrants, malheureux, ils s'étiolèrent et descendirent au dernier degré de l'échelle des êtres.

Toute notion d'agriculture est demeurée étrangère à l'Australien, qui est petit de stature et d'un physique chétif. Les extrémités sont grêles et disproportionnées avec le reste du corps. Le ventre est souvent proéminent, le front comprimé, le nez épaté. Les narines sont évasées, les yeux enfoncés et petits, la bouche très-large, les mâchoires saillantes, la barbe noire, touffue et hérissée. La couleur varie depuis le jaune ou cuivre foncé jusqu'au noir assez prononcé. Les cheveux sont tantôt longs et lisses, tantôt noirs et crépus, le plus souvent ébouriffés et frisés : mais ils ne sont jamais vraiment laineux.

Jeunes, les femmes ne sont pas très-désagréables à voir. Leurs formes, souples et légères, ont même une certaine grâce sauvage. Mais, dans leur vieillesse, ce sont les créatures les plus hideuses qu'on puisse imaginer.

Les Australiens sont fort agiles à la course. Ils grimpent à la cime des arbres avec la rapidité d'un chat. Leur vue est perçante, leur ouïe fine et subtile, leurs dents belles et bonnes. L'huile de poisson est en grand usage parmi eux. Ils s'en frottent le corps, ce qui leur donne une odeur repoussante. Souvent ils placent les entrailles des poissons sur leur chevelure et laissent à l'ardeur du soleil le soin de les fondre. L'huile qui dégoutte de la sorte sur tout leur corps sert du moins à les garantir des piqûres des moustiques.

Un des premiers navigateurs qui pénétrèrent dans l'Australie rend compte de l'impression qu'il subit en présence d'un naturel de ce continent, de la façon suivante :

« Je vis un objet qui ne pouvait, en aucune manière, passer pour un homme. C'en était un cependant, qui ne montrait alors que la partie dorsale. Dans cette position, on l'eût pris pour une peau de bête étendue au soleil. Sur un appel des matelots, cet objet se tourna de notre côté. Rien de plus hideux au monde. Qu'on se figure une grosse tête garnie de cheveux ébouriffés, avec une face plate, élargie transversalement, des arcades sourcillères très-saillantes, des yeux d'un blanc jaunâtre très-enfoncés, des narines écrasées et écartées, des lèvres charnues, des gencives blafardes et une bouche énorme. Qu'on y ajoute un teint de suie jaunâtre, un corps maigre et grêle. Encore le spécimen que j'avais sous les yeux n'était-il pas un des êtres les plus disgraciés de cette race. »

Nous avons dit quelque part que la Nouvelle-Zélande est située à l'est de l'Australie, dont elle est séparée par un large canal de plus de cent lieues marines.

Les îles Solander, deux rochers stériles, écueils redoutables, servent de point de reconnaissance à l'entrée du détroit de Faveaux. Ces écueils dépassés, la grande terre s'offre aux regards des navigateurs.

C'est la pointe de Tavaï-Pounamou, sé composant de montagnes escarpées d'une grande hauteur, dont quelques-unes demeurent couvertes de neige. Le sol paraît âpre, mais nullement stérile. L'œil distingue à travers ces déchirures profondes de vastes espaces boisés, vallons ou plateaux.

On ne peut se faire une idée de l'aspect silencieux et solitaire des rivages de la grande baie de Dusky. A peine quelques oiseaux se font-ils entendre sous les voûtes muettes des arbres, et si l'on n'apercevait çà et là des taillis à demi coupés, on pourrait croire que l'homme n'a jamais mis le pied sur cette terre.

Ce ne sont plus les merveilleux paysages de la Polynésie, où les palmiers, les bananiers, les pandanus déploient leurs formes élégantes et caractéristiques; ce n'est pas non plus la flore de l'Australie, si riche et si variée, quoique dépourvue de fraîcheur.

Sur les bords de la baie de Dusky, la nature végétale prend un aspect sombre et sévère. Le règne animal y offre beaucoup de ressources; les forêts abondent en poules d'eau, et la pêche donne une profusion de poissons savoureux.

Ce fut le capitaine Cook qui donna le nom qu'elle porte à cette baie, à cause d'une cascade curieuse qui se trouve à son entrée, sur la côte méridionale.

Une colonne d'eau de quinze à vingt pieds de volume tombe d'un rocher vertical, haut de cinquante toises. Au quart de cette hauteur, cette colonne, venant attaquer une saillie du roc un peu inclinée en avant, se transforme en une nappe limpide et transparente de quinze toises de largeur. Dans la chute, les eaux s'éparpillent, bouillonnent, se brisent sur le roc, ou jaillissent en prenant mille formes diverses, jusqu'à ce qu'elles viennent se réunir dans un superbe bassin de cinquante toises de circuit.

« Nous étions en observation, dit un voyageur, quand nous aperçûmes une pirogue chargée de sauvages. Ils vinrent à nous en poussant de grands cris de joie, et bientôt ils nous tendirent la main. Les chefs frottèrent gravement leurs nez contre les nôtres, puis ils nous conduisirent auprès de leurs foyers. Ce fut à la lueur des flammes que j'examinai ces insulaires. C'était bien là le type polynésien, que je revoyais, mais plus mâle, plus énergique que je ne l'avais trouvé à Tonga, et même à Hamoa. Quelques hommes surtout se faisaient remarquer par leur bonne mine. Leurs figures étaient presque entièrement couvertes par un tatouage composé de dessins réguliers, profondément gravés dans la peau. A part l'effet produit par la difformité de leur couleur cuivre jaune, leurs traits ne manquaient pas de distinction. Grands et bien faits, leurs mouvements accusaient la vigueur et l'agilité. Plusieurs des chefs portaient d'élégantes nattes de *phormium-tenax*, cette plante textile dont nos jardins s'enorgueillissent depuis plusieurs années.

» Il y avait là aussi quelques femmes qui pouvaient passer pour jolies à cause de leur fraîcheur et de leur jeunesse. Bien faites, elles étaient néanmoins au-dessous des femmes de Tonga, pour la régularité des traits, pour la souplesse des formes, et surtout au point de vue de la propreté.

» Ces naturels nous offraient de bon cœur de partager les vivres qu'ils avaient devant le foyer, pommes de terre, racines de fougères, poisson desséché, etc. Ils nous répétaient sans fin, d'un air amical :

» — *Ka paï!... ka paï!...* ce qui veut dire : C'est bon !...

» Pour rendre politesse pour politesse, nous leur donnâmes à boire de l'excellent rhum.

» *Kawa!... kawa!... ha-kino!...* Fort, fort, mauvais ! »

Je n'entre pas dans plus de détails sur la Nouvelle-Zélande, l'espace ne le permet pas.

Mais cette rapide esquisse donne quelque peu l'idée des contrées vers lesquelles naviguait *le Cosspatrick*, avec son chargement d'émigrants, lorsqu'il avait été arrêté soudain et détruit par l'horrible incendie que vous savez.

NOTICE

SUR LES PHOQUES DU POLE NORD.

Les phoques sont des animaux amphibies;
ils se distinguent de tous les autres mammifères carnassiers par leurs pieds extrêmement
courts, plats, enveloppés par la peau, palmés,
en forme de nageoires, ne pouvant leur servir
qu'à ramper péniblement sur la terre, mais
très-propres à nager. Par le mot amphibie, il
ne faut pas entendre que l'animal peut vivre
sous l'eau et sur la terre, mais seulement
qu'il habite l'une et l'autre, et qu'il respire
l'air atmosphérique seulement, ce qui le force
à se maintenir à la surface des ondes ou à y
venir respirer quand il a plongé.

Ces animaux ont des canines et des incisi-
ves, et leurs canines supérieures sont de gran-
deur ordinaire, non en forme de défense.

L'histoire de ces animaux est encore très-embrouillée.

Pour écrire ainsi que pour étudier les mœurs et les habitudes de ces amphibies, il faut les suivre à travers les écueils et les récifs qui bordent toutes les mers, et jusque sur les glaces éternelles des pôles, où ils font leur résidence habituelle. Nous les verrons se jouer à travers les tempêtes, sur les vagues irritées, passer la plus grande partie de leur vie dans les eaux, s'y nourrir de poissons, de crustacés et de coquillages, qu'ils pêchent avec beaucoup d'adresse, et ne venir à terre, où ils ne peuvent se traîner qu'en rampant, que pour allaiter leurs petits ou dormir au soleil. Leur corps allongé, cylindrique, diminuant progressivement de grosseur depuis la poitrine jusqu'à la queue, leur colonne vertébrale très-mobile, leurs muscles puissants, leur bassin étroit, leurs poils ras et serrés contre la peau, en un mot toute leur organisation en fait les meilleurs nageurs qu'il y ait parmi les mammifères, si l'on en excepte les cétacés. La nature leur a donné une conformation particu-

lière qui leur permet de respirer à d'assez
longs intervalles, et par conséquent de rester
longtemps sous l'eau. quoiqu'ils n'aient pas le
trou botal bouché, comme l'ont prétendu quelques naturalistes, et particulièrement Buffon.
Leurs narines offrent aussi une particularité
remarquable : elles sont munies d'une sorte
de petite valvule que l'animal ouvre et ferme
à volonté, et qui empêche l'eau de leur entrer
dans le nez lorsqu'ils plongent. Un fait extrêmement singulier, mais notoire, est que ces
animaux ont l'habitude constante, lorsqu'ils
vont à l'eau, de se lester comme on fait d'un
vaisseau, en avalant des cailloux, qu'ils vo-
missent en revenant au rivage. Certaines
espèces recherchent les plages sablonneuses et
abritées, d'autres les rocs battus par la mer,
d'autres enfin les touffes d'herbes épaisses des
rivages. Ils ne se nourrissent pas exclusivement de poissons; car, lorsqu'ils peuvent
saisir quelque oiseau aquatique, un albatros,
une mouette, ils n'en manquent guère l'occasion. Pendant leur séjour à terre ils ne man-
gent pas, aussi maigrissent-ils beaucoup.

Même en captivité, pour dévorer la nourriture qu'on leur jette ils la plongent dans l'eau; ils ne se déterminent à manger à sec que lorsqu'ils y ont été habitués dès leur première jeunesse, ou qu'ils y sont poussés par une faim extrême.

Quand les phoques veulent sortir de la mer, ils choisissent une roche plate qui s'avance dans l'eau en une pente douce par laquelle ils grimpent, et qui se termine de l'autre par un bord à pic, d'où ils se précipitent dans les ondes à la moindre apparence de danger. Pour ramper, ils s'accrochent avec les mains ou les dents à toutes les aspérités qu'ils peuvent saisir, puis ils tirent leurs corps en avant en le courbant en voûte; alors ils s'en servent comme d'un ressort pour rejeter la tête et la poitrine en avant, et ils recommencent à s'accrocher pour répéter la même opération à chaque pas. Néanmoins, malgré ce pénible exercice, ils ne laissent pas que de ramper assez vite, même en montant des pentes fort roides. Le rocher sur lequel un phoque a l'habitude de se reposer avec sa famille est sa propriété, relativement aux autres animaux de son espèce. Quoiqu'ils vivent en grands troupeaux dans la mer, qu'ils se protègent, se défendent, s'aiment les uns les autres, une fois sur la terre ils se regardent comme dans un domicile sacré où nul camarade n'a le droit de venir troubler la tranquillité domestique. Si l'un d'eux s'approche pour visiter les pénates de ses voisins, il s'ensuit toujours un combat terrible, qui ne finit qu'à la mort du propriétaire du rocher ou à la retraite forcée de l'indiscret.

Il est rare qu'un mâle n'ait pas trois ou quatre femelles. Il a pour elles beaucoup d'affection, et les défend avec courage contre toute attaque. C'est surtout pendant que ses femelles sont pleines, et quand elles mettent bas, qu'il redouble de soins et de tendresse pour elles. Il les conduit sur terre, leur choisit, à cinquante pas du rivage, une place commode et tapissée de mousses aquatiques pour y allaiter leurs petits. Dès que la femelle a mis bas, elle cesse d'aller à la mer pour ne pas abandonner son enfant un seul instant;

mais cette privation n'est pas de longue durée, car, après douze à quinze jours, il est en état de se traîner tant bien que mal, et elle le conduit à l'eau. Quand le petit est arrivé à la mer, la femelle lui apprend à nager, après quoi elle le laisse se mêler pour jouer au troupeau des autres phoques, mais sans pour cela cesser de le surveiller. Lorsqu'elle prend fantaisie de gagner la terre pour l'allaiter, elle pousse un cri ayant, dans le phoque ordinaire, un peu d'analogie avec l'aboiement d'un chien, et aussitôt le petit s'empresse d'accourir à sa voix, qu'il reconnaît fort bien. Elle l'allaite pendant cinq ou six mois, le soigne pendant fort longtemps, mais aussitôt qu'il est assez fort pour subvenir à ses besoins, le mâle le chasse et le force d'aller s'établir ailleurs.

C'est pendant la tempête, lorsque les éclairs sillonnent un ciel ténébreux, que le tonnerre gronde et que la pluie tombe à flots, que les phoques aiment à sortir de la mer pour aller prendre leurs ébats. Au contraire, quand le ciel est beau et que les rayons du soleil échauffent la terre, ils semblent ne vivre que pour dormir, et d'un sommeil si profond, qu'il est fort aisé, quand on les surprend en cet état, de les approcher pour les assommer avec des perches ou les tuer à coups de lance. A chaque blessure qu'ils reçoivent, le sang jaillit avec une grande abondance, les mailles du tissu cellulaire graisseux étant très-fournies de veines; cependant ces blessures, qui paraissent si dangereuses, compromettent rarement la vie de l'animal, à moins qu'elles ne soient très-profondes; pour le tuer, il faut atteindre un viscère principal ou le frapper sur la face avec un pesant bâton. Mais on ne l'approche pas toujours facilement, parce que, lorsque la famille dort, il y en a toujours un qui veille et qui fait sentinelle pour réveiller les autres s'il voit ou entend quelque chose d'inquiétant. On est obligé de lutter, pour ainsi dire, corps à corps avec eux, et de les assommer, car un coup de fusil, quelle que soit la partie où la balle les aurait frappés, ne les empêcherait pas de regagner la mer, tellement ils ont la vie dure. Quand ils se voient assaillis, ils se défendent avec courage ; mais, malgré leur gueule terrible, cette lutte est sans danger, parce qu'ils ne peuvent se mouvoir assez lestement pour ôter le temps au chasseur de se dérober à leur atteinte. Faute de pouvoir faire autrement, ils se jettent sur les armes dont on les frappe, et les brisent entre leurs redoutables dents. Entre les muscles et la peau les phoques ont une épaisse couche de graisse, dont on tire une grande quantité d'huile qui s'emploie aux mêmes usages que celle de baleine, et qui a sur elle l'avantage de n'avoir pas d'odeur. Quelques espèces de cette famille ont une fourrure plus ou moins grossière, dont néanmoins on fait des habits chez les peuples du Nord. Les Américains emploient les peaux les plus grossières à un usage singulier : ils en ferment hermétiquement toutes les ouvertures et les gonflent d'air comme des vessies ; ils en réunissent une demi-douzaine, plus ou moins, les fixent au moyen de cordes, placent dessus des joncs ou de la paille, et forment ainsi de très-légères embarcations, sur les-

quelles ils osent entreprendre de longs voyages sur leurs grands fleuves et leurs immenses lacs. Avec ces peaux, les Kamtschadales
font des baïdars, sorte de pirogue; ils font
aussi de la chandelle avec la graisse, qui en
même temps est une friandise pour eux. La
chair fraîche de ces animaux est leur nourriture ordinaire, quoiqu'elle soit très-coriace et
qu'elle ait une odeur forte et désagréable; ils
en font sécher au soleil, ou ils la fument, pour
leur provision d'hiver. Les Anglais et les Américains de l'Union sont les seuls peuples, je
crois, qui fassent en grand, et sous le rapport
commercial, la chasse des phoques. Ils entre-
tiennent chaque année plus de soixante navires de deux cent cinquante à trois cents ton-
neaux au moins, uniquement équipés pour cet
objet.

Pris jeune, le phoque se prive parfaitement
et s'attache à son maître, pour lequel il
éprouve une affection aussi vive que celle du
chien. De même que ce dernier, il reconnaît
sa voix, lui obéit, le caresse, et acquiert facilement la même éducation, en tout ce que son

organisation informe lui permet. On en a vu
auxquels des matelots avaient appris à faire
différents tours, et qui les exécutaient au com
mandement avec assez d'adresse et beaucoup
de bonne volonté. A une grande douceur de
caractère, le phoque joint une intelligence
égale à celle du chien. Aussi est-il remarquable que de tous les animaux il est celui qui a
le cerveau le plus développé, proportionnelle
ment à la masse de son corps. Il est affec
tueux, bon, patient; mais il ne faut pas que
l'on abuse de ces qualités en le maltraitant
mal à propos, car alors il tombe dans le déses
poir, et il devient dangereux. Pour le conser
ver longtemps et en bonne santé, il est indis·
pensable de le tenir, pendant la plus grande
partie du jour, et surtout lors de ses repas,
dans une sorte de cuvier ou de grand vase à
demi rempli d'eau; la nuit, on le fait coucher
sur la paille. Ainsi traité, et nourri avec du
poisson, on peut le garder vivant pendant
plusieurs années. Mais s'il a déjà quitté sa
mère depuis quelque temps quand on le
prend, le chagrin de l'esclavage s'empare de

lui, il est triste, boudeur, refuse de manger, et ne tarde pas à mourir.

Les phoques manquent généralement d'oreille externe; leur corps est entièrement couvert d'un poil doux, soyeux et lustré chez les uns, grossier, rude et hérissé dans d'autres. Leurs pieds, larges et membraneux, ont cinq doigts; et les pattes sont soudées longitudinalement à la queue, ce qui leur donne absolument la forme échancrée d'une queue de poisson. En nageant, ils lèvent au-dessus de l'eau leur tête arrondie, portant de grands yeux vifs et pleins de douceur; leurs épaules arrondies paraissent aussi à la surface, de manière que, vus à une certaine distance, on a fort bien pu les prendre pour des figures humaines, et de là, sans aucun doute, les anciens ont tiré leur fable des sirènes.

FIN.

Limoges. — Imp. EUGÈNE ARDANT et Cie.